Böhlau

Alexander Giese

FREIMAURER HEUTE

Lebens- und Geisteshaltung

Böhlau Verlag Wien · Köln · Weimar

Coverabbildung: Peter Proksch

Bibliografische Information Der Deutschen Bibliothek:
Die Deutsche Bibliothek verzeichnet diese Publikation in der Deutschen Nationalbibliografie; detaillierte bibliografische Daten sind im Internet über http://dnb.ddb.de abrufbar.

ISBN 978-3-205-77673-4

http://www.boehlau.at
http://www.boehlau.de

Druck: druckmanagement, CZ-Mikulov

Werde der, der du sein könntest.

Vorwort

Ich schreibe als Freimaurer über die Freimaurerei.

Mit diesem kleinen Buch habe ich weder die Absicht zu missionieren noch den Wunsch, die Freimaurerei zu verteidigen. Ich gehöre dem Bund seit nahezu einem halben Jahrhundert an, verdanke ihm außerordentlich viel, und das nicht in materieller, sondern geistiger Hinsicht. Ich habe dort wahre Freundschaft und echte Brüderlichkeit kennen gelernt.

Die wahre Absicht, die ich verfolge, ist es, möglichst objektiv einen wichtigen Zweig unserer Kulturgesellschaft einem breiteren Publikum näherzubringen. Dabei geht es nicht darum, Namen von Freimaurern zu nennen, Orte und Brauchtum in extenso zu schildern, sondern den geistigen Gehalt und die Lebenshaltung dieses weit verzweigten Bruderbundes zu charakterisieren. Es gibt Millionen von Freimaurern, und jeder hat seinen selbst erlebten und speziellen Zugang zu dieser einzigartigen Vereinigung.

Oskar Wirth, einer der freimaurerischen Vordenker, hat festgestellt, dass die Freimaurerei aufgrund ihrer Struktur in der Lage wäre, die Welt zu verändern, wenn sie sich an ihre Prinzipien hält.

Das ist auch meine Überzeugung, da ich ganz fest daran glaube, dass die derzeitigen Weltzustände der Freimaurerei dringend bedürfen. Die Brüderlichkeit unter den Menschen, man könnte sie auch Geschwisterlichkeit nennen, ist heute dringender denn je notwendig.

Der Inhalt der Freimaurerei und die Tätigkeit der Freimaurer sind seit langem ein „Offenbares Geheimnis".

Zahllose Bücher schildern sie von allen Seiten. Für Enthüllungsjournalisten ist es jedoch interessanter, auf traditionelle Gebräuche der Freimaurer, wie etwa auf die Verschwiegenheit ihrer Mitglieder, hinzuweisen als auf den Kern ihrer Arbeit, der ihnen höchst wahrscheinlich als zu wenig sensationell erschiene.

Die Freimaurerei bemüht sich darum, das zentrale Problem der Menschheit, nämlich das Zusammenleben von Menschen verschiedenster Herkunft, Ausbildung, Religion, Rasse und Klasse herbeizuführen. Der Globus wird von unterschiedlichsten Völkern und Kulturen bewohnt und beherrscht.

Bisher ist es nicht gelungen, einen beständigen Ausgleich und Frieden weltweit herzustellen.

Die Freimaurerei kann nur einen kleinen Beitrag zu dieser Aufgabe, an der das Überleben der Menschen hängt, leisten. Daher ist es notwendig, ihre Inhalte und Überzeugungen bekannt zu machen und – um es direkt heraus zu sagen – zur Nachahmung zu empfehlen.

1960 wurde ich in die Loge „Mozart" aufgenommen, war drei Mal Meister vom Stuhl und von 1975 bis 1986 Großmeister der Großloge von Österreich. Ich habe in diesen Jahren Höhen und Tiefen, die mein Berufsleben als Rundfunk- und Fernsehjournalist, als Volksbildner und Schriftsteller mit sich brachten, im Rahmen der Freimaurerei auszugleichen gelernt und den ungeheuren Vorteil einer brüderlichen Gemeinschaft erlebt. Obwohl meine Sehkraft in den letzten zehn Jahren sehr abgenommen hat, bin ich nicht blind gegenüber Einwänden, die die Freimaurerei treffen. Dennoch darf ich mit großer Freude feststellen, dass dieser Bund für meine menschliche Entwicklung von entscheidender Bedeutung geworden ist. So könnte dieses Buch auch als mein freimaurerisches Testament betrachtet werden.

Ich habe zahlreichen meiner Brüder zu danken, die mich auf meinem freimaurerischen Weg begleitet haben: Günter Kodek danke ich für die umsichtige Durchsicht des Manuskriptes sowie für manchen wertvollen Hinweis.

Ingrid Umek bin ich für die sorgfältige Niederschrift dieser Arbeit sehr verpflichtet. Auch ihr gebührt mein Dank.

Axel Giese

Inhalt

Freimaurerei heute

Die Freimaurerei in Europa und in Amerika geht in ihrer heutigen Form auf ein System zurück, das sich seit dem Jahr 1600 in Großbritannien entwickelt hat und seine Form 1717 mit der Bildung der ersten Großloge verfestigte. Wer einen Blick in eines der großen Freimaurer-Lexika, etwa in das im deutschen Sprachraum leicht zugängliche von Possner-Lennhof, wirft, wird sich einer ungeheuren Fülle von maurerischen Gesellschaften gegenübersehen. Man könnte sagen, dass es seit dem 17. Jahrhundert eine starke Tendenz gibt, Geheimgesellschaften zu gründen.

Die Ursache ist leicht verständlich: Die politische Landschaft Europas hatte sich in den Jahrhunderten nach Karl dem Großen zu einem Herrschaftsgefüge entwickelt, in dem jeder Einzelne seinen fest umrissenen Platz in einer ständisch geordneten Gesellschaft einnahm. An der Spitze dieses Sozialgebildes standen Kaiser bzw. Könige und Fürsten. Der Stand der Bischöfe und Priester war ihnen fast gleichgeordnet oder folgte ihnen nach. Eine Mittelschicht von Adeligen erstreckte sich über alle europäischen Herrschaften, ein freies Bürgertum entstand zunächst nur in wenigen Städten und umfasste Handwerker und Kaufleute. Die Masse der ländlichen Bevölkerung hatte ihre ursprüngliche Freiheit auf ihren Bauernhöfen verloren und diente als Hörige oder Leibeigene. Der Freiraum für Denken und Handeln war außerordentlich gering. Das Gelöbnis, dem jeweiligen Herrn zu dienen, schränkte sowohl die freie Beweglichkeit der Individuen als auch ihr Denken und Handeln stark ein. Damit war das Feudalsystem fixiert. Die Universitäten und Schulen waren der herrschenden Religion des Katholizismus, ab dem 16. Jahrhundert auch der des Protestantismus, verpflichtet. Kriege, Armut, Hungersnöte, Pest und Krankheiten beherrschten den fast unerträglichen Alltag.

Im Dreißigjährigen Krieg schrumpfte Europas Bevölkerung auf wenige Millionen, das Diesseits war nur für wenige Auserwählte ein erträglicher Lebensraum, der Masse der Bevölkerung versprach man ein Paradies im Jenseits. Diese Tatsache erklärt den im intellektuellen Teil der Bevölkerung ständig wachsenden Drang, die Lebensverhältnisse zu verbessern. Eine offene Auseinandersetzung mit den Repräsentanten der Feudalgesellschaft war nahezu unmöglich. Revolutionäre Bewegungen, wie die der Albigenser, Katharer, Hussiten, scheiterten. Dies öffnete den Weg für zahlreiche „Geheimgesellschaften". Sie waren nichts anderes als Treffpunkte denkender Menschen, die an der Macht der Alltagsrealität scheiterten und sich daher außerhalb der Kontrolle von Staat und Kirche versammelten, um ihre nicht kanonisierten Ideen auszutauschen. Man denke an den großen Weltreformer Comenius.

Europa wird später – im 18. Jahrhundert – von Hunderten von Logen überschwemmt, Versammlungsorten, in denen sich Adelige, Bürger, auch Geistliche verbanden, um nach einem Sinn ihres Lebens zu suchen. Sie kamen aber auch in die Verlegenheit, ihre Logenzusammenkünfte zu legalisieren, sie suchten daher auch die historischen Wurzeln dieser neu aufflammenden Vereine festzustellen. Ihrer Meinung nach konnte dieses Logensystem, das seinen Ausgang von England genommen hatte, nur auf historischen Fakten beruhen, und so erfanden sie sich für ihre Logen eine eigene Geschichte und führten die Ämter, die Rituale und die Symbole, die in ihren Logen vorherrschten, auf uralte Vorbilder zurück. Das älteste Buch, das ihnen bekannt war, war die Bibel, das sogenannte alte Testament, der größte Tempelbau derjenige Salomons, und daher wurde Salomon der erste bekannte Großmeister. Eine solche, zum Teil fantastische Geschichte der Maurerei hat Reverend Anderson bereits 1732 in London verfasst. Und er nährte damit die Phantasie seiner Logenbrüder in Europa und Amerika. Wir erinnern uns an das Freimaurer-Lexikon Possner-Lennhof, in dem wir nun nicht nur die Geschichte der englischen Großloge dokumentiert finden, sondern mit nicht geringem Staunen bemerken, wie sich in der westlichen, zivilisierten Welt zahlreiche Obödienzen – d. h. Freimaurervereinigungen – bilden, die verschiedene Rituale, verschieden viele Grade, und vor allem auch eine verschiedene Zielrichtung besaßen. So gab es Logen, die Alchemie betrieben, den Stein der Weisen suchten, andere verstrickten ihre Mitglieder in Mystik, knüpften an verschiedenste Personen der Geschichte oder der Bibel an, oder bilden einfach einen Spiegel der Realgesellschaft, z. B. Ritterbünde. So konnte man in solchen Logen als Nichtprivilegierter Ritter werden, einen prunkvollen Titel erhalten, geheimnisvolle, in Wahrheit wenig sagende Aufträge und Ziele verfolgen. Es ist verständlich, dass sich die legitime Öffentlichkeit, Staat und Kirche, denen diese Umtriebe nicht unbekannt bleiben konnten, gegen diese Logen wandte, sie verbot und ihre Mitglieder verfolgte. Der große Zusammenbruch dieser frühen Maurerei erfolgte, als die „strikte Observanz", ein freimaurerischer Ritterbund, dem in Deutschland eine sehr große Anzahl von Aristokraten angehörte, eine Versammlung in Braunschweig abhielt. Dort forderten aktive Mitglieder Rechenschaft über die wahre Herkunft der Maurerei, über ihre Ziele und über ihre Mittel, nicht zuletzt über die finanzielle Gebarung. Die „strikte Observanz" löste sich auf. Dadurch entstand eine Tendenz, den Wildwuchs in allen europäischen Logen einzudämmen, die phantastischen Gedanken an eine direkte Nachfolge der Tempelritter aufzugeben, und die Organisation und Methoden der englischen Freimaurer als Vorbild anzunehmen. Diese wird nun zum Hauptstrom der geläuterten maurerischen Bewegung und sieht sich nur mehr wenigen dissentierenden Obödienzen gegenüber.

In der Freimaurerei unterscheiden wir gegenwärtig zwei grundsätzliche Richtungen:

- Großlogen bzw. Obödienzen, die von der *United Grand Lodge of England* unter Zugrundelegung der sogenannten *„Basic Principles"* anerkannt sind, daher als „regulär" bezeichnet werden und die drei Grade der Johannis-Freimaurerei, nämlich Lehrling, Geselle und Meister, bearbeiten. Voraussetzung für die Anerkennung ist u. a. regelmäßiges Zustandekommen, die Anerkennung eines „Großen Baumeisters aller Welten", die Verwendung der „drei Großen Lichter" (das Buch des heiligen Gesetzes, Winkelmaß und Zirkel), das Verbot konfessioneller oder tagespolitischer Diskussionen, die Einhaltung der „Alten Pflichten" sowie der sogenannten „Landmarken" und schließlich die Beschränkung der Aufnahme auf Männer.

- Großlogen bzw. Obödienzen, die sich nicht oder nur teilweise an diese „Basic Principles" halten und daher von der „regulären" Freimaurerei nicht anerkannt werden oder deren Anerkennung wegen Nichteinhaltung der Prinzipien wieder entzogen wurde und die daher als „irregulär" bezeichnet werden. Zu diesen Großlogen, von denen sich einige auch als „liberale Großlogen" bezeichnen, gehören u. a. der Grand Orient de France, der Internationale Order der Co-Freimaurerei für Männer und Frauen „Le Droit Humain", die für Männer und Frauen zugängliche Großloge „Humanitas" und andere mehr.

In der „regulären" Freimaurerei bestehen im Anschluss an die drei Grade der Johannis-Freimaurerei mehrere Hochgrad-Systeme mit weiterführenden bzw. vertiefenden Graden, auch Erkenntnisstufen genannt, deren Erwerb jedoch nicht unbedingt Ziel der Freimaurerei ist; die beiden bekanntesten sind:

- Der „Alte und Angenommene Schottische Ritus" (4.–33. Grad, wobei aber auch die Grade 1.–3. als schottische Grade existieren)
- Der „York Ritus" mit dem „Royal Arch" (4.–7. Grad), dem „Konzil" (8.–9. Grad und der „Komturei" (10.–12. Grad).

Weiters besteht noch das „reguläre" und in sich geschlossene, in den skandinavischen Ländern weit verbreitete, christlich orientierte System, das in Deutschland von der Großen Landesloge der Freimaurer von Deutschland (Freimaurerorden) in Johannislogen (1.–3. Grad), Andreaslogen (4.–6.Grad) und Ordenskapiteln (7.–10.Grad) bearbeitet wird.

Welche Funktion kann die Freimaurerei also in der modernen Gesellschaft ausüben, welche Position nimmt sie ein? Schon aus der Struktur der jeweiligen Obödienz wird klar, dass sie in politischen oder religiösen Fragen keine einheitliche, eigenständige Meinung entwickeln kann. Es bedarf daher gar nicht des Rückgriffs auf die „alten Pflichten", die es dem Maurer verbieten, über Religion und Politik zu debattieren, da jeder Maurer im dogmenfreien Raum der Loge seine eigenen Ansichten frei entwickeln kann. So kann es keine gemeinsame Meinung in irgendeiner politischen oder religiösen Frage geben. Dem Profanen erscheint dies als Schwäche, da gemeinhin angenommen wird, dass die Stärke der Menschen darin bestünde, gemeinsame Überzeugung zum Ziel einer kraftvollen politischen Willensbildung zu sammeln und zu vereinen.

Eine Vereinigung wie die der Freimaurerei, der es gelungen ist, freie Menschen von gutem Ruf in ihren Logen zu versammeln, ohne darauf Wert zu legen, dass diese in allen Fragen gemeinsame Überzeugungen haben und erwerben, erscheint in der Alltagswelt als erstaunlich und unverständlich, ja sogar als unpraktikabel. Daher könnten die politischen Parteien, aber auch religiöse, kirchliche Verbände sich in der Gewissheit wiegen, dass sie von der Freimaurerei nichts zu befürchten haben, ja dass sie ihnen in Wahrheit eine große Hilfe sein könnte. Bemerkenswerterweise ist es jedoch immer wieder der Fall, dass Politiker oder Kirchenleute glauben, dass die Freimaurerei für sie eine Gefahr darstellt. Die Wahrheit ist, dass die Großlogen der Welt überhaupt nicht politisch oder religiös agieren. Die Wahrheit ist aber auch, dass der einzelne Freimaurer in seinem persönlichen Habitus, seinem Charakter nach tatsächlich im Widerspruch zu fundamentalistischen, fanatischen, parteiegoistischen Verhaltensweisen steht und insofern ist er für manche Politiker und religiöse Fanatiker ein Feindbild. Der Freimaurer ist kein Fanatiker, kein Fundamentalist. Seine in der Loge erworbene Tendenz, das persönliche Umfeld human zu gestalten und seinen Mitmenschen tolerant gegenüberzustehen, passt weder in das Weltbild eines Einparteienstaates noch in die Glaubensüberzeugung einer allein seligmachenden Religionsgemeinschaft. Die meisten sozialen Gebilde in unserer Gesellschaft benötigen, um ihren inneren Zusammenhalt zu gewährleisten, eine mehr oder minder starke Abgrenzung gegenüber anderen Gruppierungen. Für derartig agierende Personen- und Personengruppen ist es daher unverständlich, dass es eine Institution gibt, deren Mitglieder sich, obwohl jeder von ihnen seine eigene Meinung besitzt, als Einheit empfinden. Die Freimaurerei bietet durch dieses ihr innewohnendes Verhalten ein Muster, ein Vorbild, eine Möglichkeit, wie Menschen in einer Welt leben können, die von Antagonismen, Gegensätzen, polarisiert wird und die immer wieder neue Feindbilder aufbauen muss. Dem Außenstehenden, d. h. dem Profanen ist es unverständlich, dass dem Freimaurer solche Feindbilder unnötig sind, er sie nicht braucht, ja ständig daran arbeitet diese abzubauen. Das Produkt der Freimaurerei ist auf der gesellschaftlichen Ebene Humanität und Toleranz, die Freimaurerei hat aber auch dem einzelnen Individuum unendlich viel zu bieten.

Für den Suchenden, der die Absicht hat, Freimaurer zu werden, ist es verhältnismäßig gleichgültig, welcher der regulären Obödienzen er beitritt. Das Ziel aller Freimaurer ist es, Humanität und Toleranz zu verbreiten, und zwar innerhalb und außerhalb der Logen. Es liegt an jedem Einzelnen, wie weit er sich in den Bereich der Transzendenz begibt.

Warum Freimaurerei?

Sie sind Leser einer Tageszeitung, Sie haben sich eben ein aktuelles politisches Magazin bestellt, Sie verfolgen die Nachrichten im Fernsehen. Je nach Alter stehen Sie in Ausbildung, im Beruf oder haben Ihr Arbeitsleben bereits hinter sich. Die Welt wie sie ist, erschien Ihnen vielleicht nicht dauernd, aber immer wieder, als verbesserungswürdig. Es wird viele Momente in Ihrem Leben geben, wo Sie sich vorstellen konnten, ein ganz Anderer zu sein. Sie haben und hatten Schwierigkeiten im Geschäftsleben, mit Ihren Partnern oder Verwandten, Sie sind oder waren mit dem Zustand Ihrer Gesellschaft unzufrieden, Politik erscheint Ihnen ohnmächtig, die Verbrechen des Terrors und des Krieges unerträglich.

Dennoch sind Sie genötigt, in diesem unfassbar vielfältigem Labyrinth Ihrer Existenz zu überleben und im richtigen Zeitpunkt das Richtige zu tun. Sicher haben Sie erkannt, dass kein Mensch allein aus eigener Hand lebt, jeder von uns auch auf seine Mitmenschen angewiesen ist, ein Einzelner kaum etwas zuwege bringt, und im Prinzip nicht einmal sein eigenes Leben allein gestalten kann. In unserer westlichen Welt treten also zwei Tendenzen maßgeblich hervor:

Wir schätzen den Individualismus (höchstes Ziel der Erdenkinder ist nur die Persönlichkeit), stehen jedoch zu der notwendigen Kooperation mit unseren Mitmenschen, zu der wir alle unweigerlich genötigt sind, oft in einem schwankenden Verhältnis. Wir benutzen ihre Hilfe, differenzieren uns jedoch so oft es uns möglich ist. Überlegen wir den Gang der Erziehung, den wir genossen haben (erduldet, erlitten, erkämpft), so stellen wir ein Hauptmerkmal fest: So freizügig, liberal, weltoffen auch diejenigen Personen gewesen sein mochten, denen es ein Bedürfnis war, uns zu erziehen, so sehr fühlten wir uns (in der Mehrzahl aller Fälle) fremdbestimmt. Diese Fremdbestimmung haben wir alle internalisiert, d. h. uns mehr oder weniger zu eigen gemacht, und neigen daher dazu, sie selbst wiederum im gegebenen Fall anzuwenden. Man darf wohl annehmen, dass wir Menschen seit Urzeiten dazu neigen Selbstständigkeit dadurch zu erreichen, dass man über andere Lebewesen Macht erringt, über sie verfügt. Zugleich jedoch gibt es ebenfalls seit Urzeiten in uns Menschen die Überzeugung, dass man nicht allein mit Gewalt und Übermacht das Leben gestalten kann, dass sich die Beziehungen unter uns Menschen gewaltfrei vollziehen könnten und dass wir erstaunlicherweise in der Lage sind, uns zu verbessern, zu vervollkommnen, zu perfektionieren. Ich wage zu behaupten, dass dieser geheime Wunsch in uns allen angelegt ist. Ich gehe einen Schritt weiter: Dieser Wunsch zur Vervollkommnung muss ein Grundgesetz nicht nur in uns, sondern in der gesamten, uns bekannten Natur sein. Die naturwissenschaftliche

Entwicklungslehre mit dem Ziel der Anpassung und der Auslese der Angepassten hat ja die gleiche Tendenz. Das Ziel der Verbesserung kann nur die Herstellung einer Harmonie sein, eines Zustandes, der vermutlich unerreichbar ist und daher zunächst durch labiles, dann mehr und mehr durch stabiles Gleichgewicht erreicht werden kann.

Was hat das alles mit unserer Frage zu tun: Warum Freimaurerei?

Augenscheinlich waren unsere persönlichen und gesellschaftlichen Verhältnisse zu allen Zeiten verbesserungswürdig, der Gang der Geschichte beweist, dass immer erneut Personen und Gruppen (Völker, Staaten) es unternommen haben, ihre jeweilige Vorstellung von einer besseren Welt durchzusetzen. Das probateste Mittel von der Urzeit an bis zur Gegenwart, das effektivste, und zugleich tödlichste ist Gewalt. Seit 300 Jahren macht sich die Erkenntnis breit, dass es jedoch für jeden Menschen Grundrechte geben muss, Menschenrechte, die die Existenz seines Lebens garantieren sollen. 1776 sind in Amerika zum ersten Mal diese Menschenrechte kodifiziert und zur Grundlage der Unabhängigkeit der Vereinigten Staaten von Nordamerika geworden. Diese Menschenrechtserklärung ist der entscheidende Meilenstein in unserer gesamten Menschheitsgeschichte. Zum ersten Mal stehen der Einzelne, sein Glück und seine Freiheit im Mittelpunkt des politischen Interesses. Diese Menschenrechtserklärung wurde mehrheitlich von Freimaurern geschrieben und unterschrieben. Wenn dies die einzige Tat wäre, die wir der Freimaurerei verdanken, so hätte sie bereits damit ihre volle Berechtigung bewiesen. In Wahrheit ist ihre Wirkung fast ins Unermessliche ausgedehnt, und davon soll dieses kleine Buch berichten, den Beweis liefern und die Anregung geben, sich mit dieser einzigartigen humanen Institution, diesem der Ethik verpflichteten Männerbund auseinanderzusetzen.

Sie könnten einwenden, dass die Menschenrechte von 1776 sehr lange Zeit gebraucht haben, um in der realen Politik verwirklicht zu werden. Sie könnten einwenden, dass sie nur in Teilbereichen unseres Globus beachtet werden. Das Einzigartige jedoch besteht darin, dass sie nach ein paar Jahrhunderten endlich erkannt, fixiert und angestrebt werden. Damit ändert sich der Verlauf der Weltgeschichte.

Die bisherige Geschichte bestand im Kampf aller gegen alle, in der Unterdrückung oder Vernichtung sogenannter Feinde und in der Tatsache, dass immer wieder Völker und Staaten die Übermacht erreichen wollten und erreicht haben. Seit der Achsenzeit, d. h. seit dem 5. Jahrhundert v. Chr., traten zwar immer große Persönlichkeiten, Volksführer, Propheten, Religionsgründer auf, die moralische Grundsätze als in der Natur des Menschen bestehend erkannten und versuchten, das allgemeine Sittengesetz zur Grundlage jeweils partieller Gesellschaften zu machen. Um diese moralischen Gesetze durchzusetzen, mussten sie sich jedoch gegenüber anderen Menschengruppierungen abgrenzen und gerieten auch in die fatale

Lage, ihre Glaubensgrundsätze, mit denen sie ihr Sittengesetz verbanden, als für sich allein gültig anzusehen. Die großen Religionen, die von so großer Bedeutung für die Entwicklung des Menschengeschlechtes sind, sind jedoch auch das größte Hindernis für eine brüderliche, gleichberechtigte Vereinigung der Bewohner unserer Erde.

Das Freimaurertum basiert auf der Anerkennung und Befolgung des allgemeinen, alle Menschen gleichermaßen verpflichtenden Sittengesetzes, kennt jedoch keine Dogmen, lehnt Rassen- und Klassenhass auf das entschiedenste ab und baut somit – wie es in der Sprache der Freimaurerei heißt – „am Tempel der allgemeinen Menschenliebe". Die Durchsetzung der Menschenrechte, die nun seit 1776 mehrfach neu kodifiziert wurden, ist heute das Ziel sehr vieler Parteien und Staaten. Die Menschenrechte global durchzusetzen gelingt bis jetzt nicht. Es fehlt an Altruismus, es fehlt an Toleranz, es fehlt an Humanität. Das Ziel der totalen Durchsetzung der Menschenrechte mag manchem als unerreichbar und utopisch erscheinen, aber, einmal gefasst und erkannt, ist es eine höchst wirksame soziale Kraft, die sich freilich nur asymptotisch ihrem Ziel nähert.

Wir werden daher zwei Hauptfragen erörtern müssen. Erstens: Welche Strategie verfolgen die Freimaurer, um dieses Ziel zu erreichen und zweitens: Welche operativen Möglichkeiten besitzen sie, um es zu realisieren?

Bevor wir jedoch darauf näher eingehen, sollten wir uns klarmachen, dass der Bund der Freimaurer in der westlichen Welt entstanden ist, im Raum der judäischchristlichen Religionen aufwuchs und dies nicht nur affirmativ, sondern auch kontradiktorisch, dass er sich nicht als Religion, nicht als Sekte, nicht als Philosophie, nicht als Wissenschaft empfindet, sondern als eine Geistes- und Lebenshaltung, die sich auf Grundlage der allgemeinen natürlichen Ethik dem Wahren, Guten und Schönen allein verpflichtet fühlt.

Ziel ist es, die größtmögliche Harmonie herzustellen. Natürlich wissen auch die Freimaurer, dass das Böse, das Üble, Neid, Hass, Krankheit und Tod die Gegner dieser Bestrebungen sind. Entscheidend ist jedoch, dass die Freimaurerei keinem polaren, manichäischen Denken verbunden ist, sondern an eine mögliche Harmonisierung, an einer Coincidentia oppositorum festhalten will.

Strategie der Freimaurerei

Jede Vereinigung von Männern kann auf zweierlei Art beurteilt werden. Sieht man sie von außen, ist es leicht sie zu denunzieren, etwa als Clique, wobei man als fast sicher annehmen kann, dass diese sich von innen als Team betrachtet. Die Freimaurerei hat in ihrer Grundstruktur gewisse Ähnlichkeiten mit englischen Clubs, z. B. in der Tatsache, dass man nicht jedermann aufnimmt, obschon eine ihrer Thesen behauptet, dass sie allen Menschen offen stünde. Die Gegner der Freimaurerei unterstellen diesem auf allen Kontinenten verbreitetem Bund zahlreiche Aktivitäten sowohl in politischer als auch in ökonomischer Hinsicht. Oft hat man den Freimaurern Verschwörungen zugeschrieben und sie für ungeklärte Attentate und Verbrechen verantwortlich gemacht. Noch mehr allerdings ist die Meinung verbreitet, dass Freimaurer unerkannt oder unbemerkt im politischen Alltag ihre Hände im Spiel hätten.

Dem Kommunismus und dem Nationalsozialismus schien die Bewegung der Freimaurer weltweit von geheimen Oberen gelenkt zu sein, besonders die Nationalsozialisten waren sich über das Wesen der Freimaurerei, das sie als Unwesen betrachteten, überhaupt nicht im Klaren.

Der oberste SS-Führer Heinrich Himmler, der aus den geschlossenen und verbotenen Logen Deutschlands und später während des Krieges auch aus ganz Europa die Bibliotheken der Logen an zentralen Stellen sammelte, die Logenprotokolle ebenso wie die Einrichtungsgegenstände der Bauhütten, dieser Heinrich Himmler soll nahezu besessen davon gewesen sein, das sogenannte „Geheimnis" dieses Bruderbundes zu erkunden, aus einer überraschenden Motivation: Ihm war der Zusammenhalt der Maurer unverständlich und er dachte daran, gelänge es ihm, das Geheimnis der Maurerei zu lösen, könnte er ihre ihm unbegreifliche Kraft für seine SS-Verbände nutzen. Himmler entging es natürlich, dass hier ganz verschiedene Kräfte am Werk sind.

Die Freimaurerei lebt nicht unter der Zuchtrute selbsternannter Führer und zwingt ihren Mitgliedern keine konstruierte Weltanschauung auf. Wenn man von Strategie reden will, so ist es eine Strategie einer offenen Gesellschaft, die sich in einem Weltmodell, nämlich der Bauhütte, auf die Arbeit in der Öffentlichkeit vorbereitet, wobei sie diese Arbeit ihren Mitgliedern überlässt. Die Strategie – um es noch einmal zu sagen – besteht eben darin, durch Rituale und Symbole ein Übungsgebiet zu schaffen, in dem das einzelne Mitglied sich selbst für das Leben im Alltag – die Maurer nennen das die profane Welt – salopp ausgedrückt „fit" zu machen. Die meisten Maurer sind der Ansicht, dass dem Menschen ein Sittengesetz innewohne, das notwendigerweise nicht an eine bestimmte Konfession gebunden sein muss. Aber bereits hier ergibt sich eine nicht zu übersehende Doppelgleisigkeit. Ein nicht geringer Teil der Freimaurer-Brüder, vor allem der Hochgrade, ist darum bemüht, den Menschen, die in ihren Logen und Ateliers arbeiten, das Erlebnis der Transzendenz, die Empfänglichkeit für das Numinose, praktisch auch den Gedanken des Monotheismus nahezubringen. Ein neutraler Beobachter könnte nahezu der Meinung sein, dass die christlichen Kirchen indirekt und auf keineswegs dokumentierbaren Wegen ihren Einfluss auf die Freimaurerei bereits erfolgreich ausüben. Er würde jedoch irren. Es erweist sich als offenbar, dass die Freimaurerei ebenfalls den Zugang zum Numinosen eröffnet.

Die humanitäre Maurerei, die nur die ersten drei Grade bearbeitet, befasst sich in der Regel weniger mit metaphysischen Problemen, die in der Maurerei auch als esoterisch bezeichnet werden. Die Strategie teilt sich demnach in zwei Hauptströmungen: Die humanitäre Maurerei hat die Strategie, den Suchenden in drei Graden zu veranlassen, den Sinn seines Lebens zu suchen, sein Lebensziel zu erreichen, oder ihn zumindest auf den Weg des Perfektionismus zu führen. Die Hochgrade – und hier vor allem der schottische Ritus – überlassen dies nicht nur dem sittlichen Willen und der eigenständigen Gedankenarbeit des Maurers, der schottische Ritus bringt in seinen Graden nachdrücklich nicht nur die Weltvernunft mit ins Spiel, er bemüht sich, die Persönlichkeit des Maurers auch im Kosmischen zu verankern. Aus oben Gesagtem wird offenbar, dass die Freimaurerei im christlich, judäischen Kulturkreis entstanden und aufgewachsen ist, dass sie aus der Antike einiges aus der Tradition der Mysterien übernommen hat, sich jedoch streng von den Konfessionen, den Dogmen beherrschten Religionen ebenso abgrenzt wie von den verschiedensten Sekten.

Wir haben es daher mit einem kulturellen Phänomen zu tun, das die sittlichen Grundwerte der Bibel und der antiken Philosophenschulen weitgehend anerkennt und verwirklichen will, jedoch nicht gewillt ist, sich der bürokratischen, hierarchischen Verwaltung des Numinosen seitens der Kirchen bzw. der großen Religionsgemeinschaften zu unterwerfen.

Aber gerade diese Nähe, die sich in den geistigen und emotionalen Inhalten ausdrückt, machte die Freimaurerei und die etablierten Religionen in der Vergangenheit zeitweise zu feindlichen Brüdern. Die Freiheit, die sich innerhalb des Geisteslebens der Freimaurer verwirklicht, stand und steht im Widerspruch zu dem Dogmengebäude der Kirchen. Die Strategien der humanitären wie der Hochgrad-Freimaurer sind auf die Freiwilligkeit, auf das Gewissen, die eigenständige Verantwortung und die Unbegrenztheit der Forschung, sofern sie im Rahmen des sittlich Vertretbaren stattfindet, begründet. Insofern sind es also nach vorne offene Strategien, die auch keineswegs bezwecken, Gegnerschaften zu erzeugen, zu missionieren, zu bekriegen. Unter allen männlichen Vereinigungen sind die Freimaurer ein einzigartiges, soziales Gebilde, das mit keinen bisherigen Gruppierungen vergleichbar ist.

Das Ziel der maurerischen Strategie ist zwar tatsächlich eine Verschwörung, aber eine Verschwörung zum Guten.

Das jedem Menschen innewohnende Bedürfnis nach dem Guten, Wahren und Schönen soll durch diese Verschwörung erreicht werden, womit sie ihren einzigartigen Tempelbau errichten wollen. Die Maurer betrachten die Menschheit als eine Familie. Jeder Mensch soll Anteil an der Freiheit und am Glück nehmen können.

Der skeptische Beobachter wird der Meinung sein, dass die eben genannten Ziele doch nichts anderes als Utopien sein können, dass sowohl der bisherige Verlauf der Menschheitsgeschichte, als auch der gegenwärtige Zustand unserer Welt die negativen Seiten unserer Existenz ununterbrochen deutlich machen. Die Frage des Bösen in der Welt wird jedoch vom Maurer nicht ignoriert. Der Maurer muss sich die Fähigkeit aneignen, das Übel, das Böse, den polaren Gegensatz zum Guten, Wahren und Schönen in seine Lebensführung einzubauen. Wie er dies tut ist auch seine persönliche Sache. Er muss in der Lage sein, gegnerische und feindliche Meinungen zwar nicht gutzuheißen, jedoch zu verstehen, aus Meinungsverschiedenheiten keine Feindschafen entstehen zu lassen. So wird er letztendlich auch begreifen, dass jener für uns unbegreifliche Gott, jene schöpferische Vernunft, jene universale Kraft, die wir nicht erkennen können, auch in uns selbst lebt.

Um es zusammenzufassen: Eine maurerische Strategie soll zu einem humanen Leben führen, das des Menschen würdig ist. Sie soll den Maurer empfinden lassen, dass seine Existenz hier auf der Welt im universal Kosmischen eingebettet ist.

Aus dem Gesagten wird wohl verständlich, dass die Maurerei in ihrem kollektiven Bewusstsein für die Menschenrechte eintritt, entschieden Rassenwahn, Klassenkampf und religiöse Kämpfe ablehnt. Für sie ist der Krieg nicht Vater aller Dinge, sondern das Ende der Menschheit.

Das Ziel der Freimaurer ist es, Leben und Sterben zu lernen. Goethes Ausspruch formuliert es überzeugend:

Solang Du das nicht hast
Dieses Stirb und Werde
Bist Du nur ein trüber Gast
Auf dieser dunklen Erde.

Die Initiation. Wie wird man Freimaurer?

Jeder ist geeignet, Freimaurer zu werden, sobald er sich bereit erklärt, das allgemeine Sittengesetz als verpflichtend anzusehen. Der Suchende (der in manchen Fällen auch ein Gesuchter sein kann) erfährt das zentrale Erlebnis des ersten Grades bei seinem Eintritt in den Tempel. Ist er nun tatsächlich ein Erwählter – und dies geschieht dadurch, dass drei Brüder ihn interviewen und ihr Urteil der Logengemeinschaft mitteilen – betrachtet diese Brudergemeinschaft den Suchenden als geeignet, Maurer zu werden, so wird er in einer feierlichen Festveranstaltung in den Tempel eingeführt.

Der alten, leider nicht mehr in allen Obödienzen in vollem Umfang üblichen Tradition nach, sind ihm die Augen verbunden, er ist halb bekleidet und halb unbekleidet, d. h. eines seiner Hosenbeine ist bis übers Knie zurückgeschlagen, er trägt einen Strick um den Hals und ist nur mit einem Schuh bekleidet. Er hat kein Metall an seinem Körper, weder Schmuck noch Geld bei sich. Alles das ist aber nur der äußere Rahmen, denn das wirklich Wirkende, das sich an ihm vollzieht, ist weniger ein äußeres als ein inneres Erlebnis. Er hat, bevor er an die Pforte des Tempels klopfte, geraume Zeit in einer dunklen Kammer verbracht, Sanduhr und Totenschädel vor sich liegen, denkt er über sein bisheriges Leben nach und beantwortet ihm vorgelegte Fragen. Nun aber – bereits im Tempel – in dem er nichts sieht und nur wenig hört, wird er von zwei Händen an seinen beiden Ellbogen berührt, da ist ein Begleiter, Geleiter, der ihn in diesem ihm vollkommen fremden Bereich zu drei Wanderungen veranlasst. Er bewegt sich um eine ihm nur undeutlich werdende Mitte, nicht im Kreis, sondern in einem Viereck.

In Bildern, Schriften und Filmen wurde diese Aufnahmezeremonie oft dargestellt. In den Freimaurermuseen in London, Paris, Bayreuth und Rosenau sind sowohl Logen als auch das in den Logen befindliche Mobiliar, die Bekleidung der Maurer und zum Teil auch ihre Symbole dargestellt und dem Publikum zugänglich.

Alle Darstellungen vermitteln jedoch nicht das wirkliche Erlebnis. Der Initiant wird in seinem Innersten angesprochen. Es wird ihm erklärt, was ihn erwartet. Die Loge, die die Absicht hat, ihn in ihren Bruderbund aufzunehmen, ist nichts anderes als ein ethisch-humaner Bund. Man erklärt dem immer noch Blinden, dass er die Gesetze der Loge und der Großloge zu befolgen habe, sich nicht ohne besonderen Grund von der Loge trennen könne, und bietet ihm für dieses Gelöbnis an, dass jeder Maurer sein Bruder sein wird. Der Suchende erfährt von Menschen, die er überhaupt nicht kennt, die überraschende Zusage, dass sie von jetzt an für immer seine Freunde sein werden. Sie nehmen ihn auf als Bruder, gleichberechtigt im Chor aller Anwesenden. Sobald die feierlichen Dialoge zwischen dem Neophyten und der Bruderschaft beendet sind, bleibt ihm noch immer die Möglichkeit, nach all dem, was er von der Bruderschaft erfahren hat, vor der endgültigen Aufnahme zurückzutreten. Dem Suchenden wird erklärt, dass die Freimaurerei keine anderen Geheimnisse habe als ihre Symbole und Erkennungszeichen. Noch immer trägt der Suchende eine Binde über die Augen, noch immer befindet er sich im Dunkeln. Er entschließt sich das Gelöbnis zu leisten und legt zur Bekräftigung seines festen Willens seine Hand auf die Bibel.

Nun ist der Zeitpunkt gekommen, dass dem Rezipienten die Binde teilweise von den Augen genommen wird. Schwerttragende Brüder richten ihre Waffe auf ihn, zum Zeichen, dass sie bereit sind, ihn jederzeit zu verteidigen, soweit sie es mit ihrer Ehre vertreten können. Dies vollzieht sich derart, dass ein Teil der Augenbinde entfernt wird und er die Möglichkeit hat, bei dieser „Erteilung des Kleinen Lichtes“ der Aktion zu folgen.

Jetzt erhält er das „Große Licht“. Nun wird die gesamte Augenbinde entfernt und der nun aufgenommene Bruder sieht sich in einem hell erleuchteten Tempel, zumeist einer großen Schar von Brüdern gegenüber, die eine Kette bilden, indem sie einander an den Händen halten. Der vormals Suchende ist nun als Bruder in der Bruderkette aufgenommen. Das, was hier eben als keineswegs vollständiges Bild einer Aufnahme skizziert wurde, findet in allen Logen auf der ganzen Welt, jeweils um die eine oder andere Einzelheit variiert, statt.

Allen Formen der Freimaurerei ist es jedoch eigen, größten Wert auf die feierliche Einführung zu legen. Das Ritual, das dazu verwendet wird, kann sich je nach Land, Sprache, Kulturkreis leicht verändern. Der Kern des Ereignisses ist jedoch immer der gleiche und bestätigt in eindrucksvoller Weise, dass von nun ab der Lebensweg dieses Mannes vom Dunklen ins Licht führt. Das Licht ist das zentrale Symbol der Freimaurerei, wobei die Erschütterung, die seelische Bewegung, die sich in dem neuen Bruder vollzieht, gleichsam ein anderes Licht, das der Freundschaft, unmittelbar entwickelt.

Die Sonne, der wir alles Leben auf unserem Planeten verdanken, strahlt auch als Symbol über die Loge. Zwischenbemerkung: Initiationen gibt es seit der Urzeit des Menschen in nahezu allen Stämmen und Volksgruppen, wobei sie meistens in die Zeit der Pubertät fallen und sowohl Jünglinge wie Mädchen in den neuen Status des Mannes und der Frau hinüberführen. Solche Initiationserlebnisse werden in späterer Zeit nicht nur Pubertierenden angeboten, sie werden in den Mysterienbünden als Krönung religiöser und numinöser Gefühle Erwachsenen zugänglich gemacht. Die Mysterienbünde der Antike, die sich vom Zwischenstromland, über Ägypten bis nach Griechenland ausgedehnt haben, entsprachen dem Bedürfnis reifer Menschen, ihr Leben besser zu verstehen und einen Sinn im Diesseits und im Jenseits zu erfahren. Die vielfältigen, polarisierenden Lebenserfahrungen wurden in solchen Mysterien harmonisiert. Dies geschah durch den Vollzug von Ritualen, die den Zweck hatten, geheiligte Symbole vorzuführen und zu erklären. Die meisten Mysterien versprachen den Menschen ein ewiges Leben, eine Wiedergeburt, Glück und Freiheit.

Das, was im Alltagsleben in der rauen geschichtlichen Wirklichkeit vor abertausend Jahren nicht zu erlangen war, nämlich Friede und Harmonie, dies gewährten die Mysterien oder weckten jedenfalls die Hoffnung, sich einem ewigen Reich asymptotisch nähern zu können. Die Mysterien boten in ihrem Zentrum eine szenische Darstellung von jenem Geheimnis an, das der jeweilige Gott oder die Göttin oder auch der Hierophant, d. h. der oberste Priester, erläuterte. Auch hier befand man sich auf weiter Strecke im präverbalen Raum, Symbole sollten ihre Wirkung eindringlicher als Worte vollziehen, Musik, Gesang, Lichteffekte, aber auch überraschende und erschreckende Ereignisse waren in solche Mysterien einbezogen.

Höchst verstandesklare, rationale Menschen wie etwa Cicero haben sich in Mysterien einweihen lassen und sie innig dankbar und höchst harmonisch erlebt. Eine Bedingung wurde dem Teilnehmer an solchen Mysterien zwingend und verpflichtend auferlegt: Er musste über den Vorgang, über Ritual und Symbole bis an sein Lebensende schweigen. Bemerkenswerterweise wurde das während der ganzen Antike sehr ernst genommen und es bedurfte des eifrigen Forschens der Religionswissenschafter, damit wir uns wenigstens ein ungefähres Bild dieser Mysterien vergegenwärtigen können. Immer aber sind die Hauptbestandteile Ritual und Symbol. Die bekanntesten antiken Rituale sind die von Eleusis und Samotrake.

Damit kommen wir zu der nicht unwesentlichen Erörterung, wie bedeutende Inhalte kommuniziert werden können. Wir, die wir in einer Kommunikationsgesellschaft leben, sind es gewohnt, auf schnellstem Wege eine ungeheure Menge an Fakten, zumeist verbal geformt, einander zu übermitteln. Dieser Austausch oder dieses Senden von Botschaften bietet jedoch keine Gewähr, dass ihr Inhalt wirklich verstanden wird, dass er ernst genommen wird und dass die beabsichtigte Wirkung der Botschaft auch die entsprechende Folgerung im Rezipienten veranlasst. Die Fülle der Information garantiert nicht die beabsichtigte Wirkung. Wort und Sprache scheinen auch unseren Vorfahren nicht genug eindrucksfähig gewesen zu sein, auch sie haben bereits erkannt, dass jede neue Nachricht, jedes neue Worterlebnis umso eher verstanden wird, je mehr es mit Emotion, ja Sensation verbunden wird. Neue Erlebnisse müssen nicht nur den Verstand, sondern auch die Gefühle ansprechen, um in unseren Gehirnen festgehalten zu werden. Auch unsere Neuronen im Gehirn vermitteln einander zahllose Botschaften, die sie zugleich gefühlsmäßig bewerten. Die Sensationspresse bedient sich dieses psychischen Aktes ebenso wie diejenigen, die Gottesdienste, Feste oder politische Versammlungen veranstalten.

In unserer durch das Wort und die Sprache gestalteten Zeit sind präverbale Phänomene ungewohnt und oft unverständlich. Das kommt jedoch davon, dass wir seit dem vermehrten Gebrauch der Sprache immer mehr verlernt haben, dem universalen Symbolismus, den die gesamte Natur darstellt, zu sehen, zu entdecken und zu verstehen.

Theatrum Mundi und/oder Thesaurus Mundi?

Der neu aufgenommene Bruder ist durch die Fülle der Eindrücke, die auf ihn einstürmen, verwirrt. Er sieht sich in einem Raum, der von Kerzen erhellt wird, er sieht sich einer großen Anzahl von Männern gegenüber, die alle seine Brüder sein wollen, die Schurze um den Leib und Bänder mit Medaillen um den Hals tragen. Man lehrt ihn, wie er sich in der Loge zu benehmen hat, eine höchst eigenartige Disziplin wird ihm nahegebracht, wie er zu gehen und wie er zu stehen hat, welche Haltung seine Arme einzunehmen haben, welchen Winkel seine Füße bilden müssen, und überdies prägt sich ihm ein Satz ganz deutlich ein: „Erkenne Dich selbst".

Es wird ihm ein weißer Schurz überreicht, ein Bijou am Halsband, weiße Handschuhe und eine Rose, die er derjenigen Frau übergeben soll, die seinem Herzen am nächsten steht. Die Aufnahmezeremonie, die Initiation hat etwa eineinhalb Stunden gedauert, der junge Bruder ist erschöpft, beeindruckt, weiß aber noch nicht, dass er noch Jahre später über diese Aufnahme sagen wird: „Es war der Augenblick meiner Wiedergeburt."

Er spricht beim anschließenden Gastmahl (der weißen Tafel), nachdem er einigen Trinksprüchen zugehört hat – einem Toast auf das Vaterland, die Großloge, die Frauen und Künstler, die Neophyten – nun auch selbst einige Worte des Dankes. Zumeist ist er durch die festliche Aufnahme stark beeindruckt und emotional erregt. Aber noch immer weiß er nicht, worauf er sich eingelassen hat. Er traut zwar der Versicherung, viele Freunde gefunden zu haben, kann sich aber das, was ihm auferlegt wird, nicht vorstellen, nämlich dass er sich auf dem Weg der Individuation befindet – auf dem Weg der Arbeit an sich selbst.

Was und woran arbeiten die Freimaurer? Er wird je nach der Intensität, mit der er sich in dieses neue Abenteuer stürzt, vielleicht ein Jahr brauchen, bevor er ahnt, worauf er sich da im Grunde eingelassen hat. Es wird ihm zugemutet, dass er, der zumeist bereits ein reifer Mann, ein freier Mann von gutem Ruf ist, einen Weg einschlagen soll, der bisher von ihm nie betreten wurde.

Im Zentrum der Loge liegt der Tapis (Teppich), wobei an drei Ecken je ein Leuchter mit einer Kerze steht. Er erfährt, dass diese drei Lichter die drei kleinen Lichter sind und deren Bezeichnung Weisheit, Stärke und Schönheit ist. Dies erscheint ihm etwas altertümlich und fremdartig. Vertrauter wird ihm der Auftrag, der mit diesen Lichtern verbunden ist. Sie stellen nämlich eine dreifache Forderung an ihn:

1. Sich selbst zu erkennen.
2. Sich selbst zu beherrschen.
3. Sich selbst zu veredeln.

Das erinnert ihn – und das mit Recht – an das Sittengebot, von dem er glaubt, dass er zum ersten Mal davon in seinem Religionsunterricht gehört hat. Noch weiß er nicht, dass dieses Sittengesetz die Grundlage des Weltganzen ist, von der Urvernunft, die alle unsere Verhältnisse durchwaltet, uns allen von Geburt aus eingeprägt wurde und höchst wahrscheinlich Ursache und Zweck unserer Menschwerdung gewesen ist.

Die drei Sätze „erkenne dich selbst", „beherrsche dich selbst" und „veredle dich selbst" sollten ihm aber klarmachen, dass dieser Tempel, in den er eingetreten ist, ein wahrhaftes Schatzhaus – und das im besten Sinne des Wortes – ist. Nach und nach entdeckt er, dass die Weisheit unserer Vorfahren im Mittelmeerraum und im übrigen Europa sich in diesem Tempel wiederfindet. Er erinnert sich, dass ihm bei der Initiation gesagt wurde, dass dieser kleine Raum der Bauhütte sich symbolisch über die ganze Erde, von Osten nach Westen, von Norden nach Süden, erstrecke, er reiche bis zum Mittelpunkt der Erde, vom Nardir bis zum Zenit. Dies erschien ihm damals übertrieben. Je länger er seine Loge besucht, desto mehr werden ihm die dort präsenten Symbole klar.

Vor dem Sitz des Stuhlmeisters befindet sich ein Altar, auf dem die Bibel liegt, auf ihr ein rechter Winkel und ein Zirkel. In einer ersten Ausdeutung begreift er, dass die Bibel deswegen in einer Freimaurer-Loge aufliegt, weil sie für die Maurer das Symbol geheiligter Überlieferung und einer großen Tradition ist. Die Bibel wird während der rituellen Arbeit beim Johannisevangelium aufgeschlagen,

Zirkel und rechter Winkel werden in besonderer Weise auf die ersten Zeilen – praktisch auf den Beginn – der Frohbotschaft gelegt. Somit dringt der Neophyt bereits tiefer in das Symbol der Bibel ein, denn dort liest er: „Im Anfang war das Wort und das Wort war bei Gott, und Gott war das Wort!". Und er begreift den Sinn des griechischen Wortes „Logos".

Zu seiner Überraschung erfährt er, dass in verschiedenen Logen auch verschiedene Bücher auf diesem Altar liegen, der Koran, die Reden Buddhas, die Veden oder sogar ein Buch, das nur weiße Blätter enthält. Unweigerlich wird er, allein schon durch die Bibel, veranlasst, sich mit seiner Gottesvorstellung auseinanderzusetzen. Vertraut er noch dem naiven Glauben seiner Kindheit? Überlegt er, ob naturwissenschaftliche Erkenntnisse ihm den unermesslichen Plan vielfältiger Universen nähergebracht haben? Wie stellt er sich Gott vor? Was ist Gott für ihn? Ein Wort? Ein Symbol für ein Wort, wie jedes Wort ein Symbol ist für einen Sachverhalt, den wir nur andeuten, aber nicht begreifen können?

Aber schon beschäftigt ihn der Zirkel. Sein maurerischer Lehrmeister erklärt ihm vielleicht, dass der Zirkel den Kreis beschreibe, jenen Kreis, den er mit seinen Freunden bildet. Denn nun ist er bereits gelehrig im Erforschen von Symbolen und erinnert sich, dass der Kreis ein Symbol der Vollkommenheit sein muss. Blickt er auf den rechten Winkel, scheint es ihm eingängig, dass damit der Gedanke an ein rechtschaffenes Verhalten an Ehrlichkeit und Genauigkeit verbunden werden kann. Man sagt ihm, dass diese drei Gegenstände, Bibel, Winkelmaß und Zirkel, die *großen* Lichter genannt werden.

Eigentlich sind es Objekte, ein – allerdings weltberühmtes – Buch, ein rechter Winkel aus Holz, ein Zirkel aus Messing. Ein Dreieck aus Holz benützt der Schüler, um eine geometrische Zeichnung zu vollführen. Ein Dreieck aus Blech unterbindet meine Vorfahrt im Straßenverkehr. Ein Dreieck über dem Hochaltar einer Kirche ist das Symbol der Trinität. Eine höhere Bedeutung kann ein Dreieck kaum erreichen. Es kann jedoch auch in der Philosophie, z. B. in der Hegels, den berühmten Dreischritt bedeuten, indem aus These und Antithese die Synthese gebildet werden soll, die Dialektik.

Unvermittelt ist unser Neophyt, den wir als Lehrling ansprechen, in die verschiedensten Kulturschichten unseres Thesaurum Mundi eingedrungen. Er beginnt die Schätze unserer Kultur, die er symbolisch vor sich sieht, entweder neu kennenzulernen oder sich in Erinnerung zu rufen. Er berührt Probleme des Glaubens, der Philosophie, der Charakterbildung, und doch wird ihm nach und nach immer mehr klar, dass die Maurerei, in der er nun arbeitet, weder eine Religion, noch eine Philosophie, noch eine Sekte ist, sondern eine ganz eigenartige Institution, die es ihm erlaubt, eine eigenständige Lebens- und Geisteshaltung zu entwickeln. In diesem Augenblick weiß er, was das Wort „frei“ in der Maurerei bedeutet (mag es auch noch andere Deutungen geben). Einmal auf den Pfad der Selbsterziehung gesetzt, empfindet er diesen Weg in zweifacher Weise. Er befindet sich auf dem Weg in die Freiheit und ist dabei notwendigerweise glücklich. Der verständige Leser braucht nicht darauf aufmerksam gemacht zu werden, dass es sich hier um den Weg eines fingierten Menschen handelt und dass sein Erleben der Symbole **sein** Erleben ist und nicht unbedingt typisch für das von Millionen Freimaurern auf dieser Welt.

Die Schilderung, die Sie eben miterlebt haben, und die den Eintritt des Suchenden in die Maurerei andeutungsweise festhält, bedeutet nicht, dass hier ein Maurer die Freimaurerei verraten hätte. Es gibt zahlreiche Dokumente, Bücher, Filme, die die obgenannte Szenerie festgehalten haben. Schon Mitte des 18. Jahrhunderts hat ein gewisser Prichard eine sogenannte „Verräter"-Schrift herausgegeben, d. h. er hat als Nichtmaurer die Freimaurerei „aufgedeckt". Er hat sich also gewissermaßen als Enthüllungsjournalist betätigt.

Der Freimaurer weiß jedoch, dass seine Freimaurerei nicht verraten werden kann, da sie existenziell erlebt werden muss, um verstanden zu werden. So ist auch die gegenwärtige Darstellung nur eine Andeutung dessen, was der Maurer selbst erlebt.

Operative Aktion

Das Ziel, zu dem sich der Neophyt bei der Initiation selbst verpflichtete, dieses Ziel wird er in einem Dreischritt anstreben. Die Freimaurerei kennt drei Grade, die unser Bruder durchlaufen muss, den Grad des Lehrlings, den des Gesellen, um schließlich den des Meisters zu erreichen. Der Leser merkt, dass hier ein Schema übernommen wurde, nach dem sich Handwerksverbände seit Jahrhunderten formiert haben. Im Leben vollziehen sich die meisten Ereignisse in verschiedenen Zuständen, ja in Graden. Nicht nur unsere Lebenszeit kennt die Perioden der Kindheit, der Jugend, des Erwachsenseins, auch die physische, unbelebte Natur nimmt gradweise verschiedene Zustände an.

Der Lehrling, der sich im ersten Grad der Freimaurerei befindet, hat vielfältige neue Eindrücke erfahren, die er nun zu beurteilen beginnt. Die eindringlichste Forderung, die er erfüllen will, ist diejenige, die vom ersten der kleinen Lichter propagiert wird.

Dieses Symbol, bemerkenswerterweise ein Lichtsymbol, mahnt ihn sich selbst zu erkennen. Es ist eine Forderung, die bereits in der Antike von Sokrates aufgestellt wurde und von der uns Plato berichtet. Was heißt das?

Offenbar wird er sich darüber Gedanken machen, wo er im Leben steht, in welcher Lage er sich befindet und wenn er philosophischen Gemütes sein sollte, wird er sich fragen, woher er kommt, und wohin er geht. Er lernt, dass er sowohl Subjekt als auch Objekt ist. Die Symbole, die unübersehbar in der Loge platziert sind, werden ihm möglicherweise noch immer fremd sein und selbst wenn der „Vorbereitende Meister" ihm in seiner Instruktion verbal erklärt, welche Bedeutung z. B. der raue Stein, der Spitzhammer, die Sonne über dem Stuhl des Meisters haben, wird er dies als erste Information zwar mit dem Verstand begreifen, die damit verbundene emotionale und transzendente Bedeutung aber erst nach und nach erfassen.

Der Lehrling im ersten Grad fühlt sich in der Bruderschaft der Loge mehr und mehr aufgehoben, er erkennt, dass die Loge hierarchisch aufgebaut ist. Er erfährt, dass der Meister vom Stuhl die Loge regiert, dem in offener Loge niemand widersprechen darf. Er nimmt wahr, dass zwei Aufseher im Westen der Loge ebenso hammerführende Beamte sind wie der Stuhlmeister. Er selbst sitzt im Norden der Loge, das ist der ihm zustehende Platz.

Zunächst sieht dies alles nach strenger Disziplin aus, er muss sich in bestimmten abgezirkelten Bewegungen im Logenraum bewegen und zu bestimmten Zeiten eine ihm schon erklärte Haltung annehmen. Zugleich jedoch wächst in ihm das Gefühl, dass alle diese Verhaltensweisen von ihm und seinen Brüdern freiwillig vollzogen werden, dass die offenbare Hierarchie in einer tieferen Wirklichkeit eine selbst auferlegte und symbolische ist und dass alle Amtsträger der Loge demokratisch gewählt werden.

Der Lehrling lernt verstehen, dass ohne Ordnung (Ordnung innerhalb der Loge) keine Freiheit erreichbar ist. Ordnung ohne Freiheit ist Diktatur, Freiheit ohne Ordnung Chaos.

Im Grunde wird von dem neu aufgenommenen Bruder nicht mehr verlangt, als dass er lernt, sich in eine Gemeinschaft einzufügen und ihm geraten wird, seine Vorurteile und Aggressionen systematisch abzubauen. Es ist durchaus möglich, dass der Neuaufgenommene im ersten Grad diese Verhaltensweise als belastend empfindet, im Extremfall als unannehmbar. Dann aber hat der Vorbereitende Meister, dann hat sein Bürge, dann aber haben alle übrigen Logenmitglieder versagt. Denn was der Lehrling in diesem ersten Grad erleben sollte und erleben kann, ist das glückhafte Gefühl, unter vertrauten und brüderlichen Menschen zu leben. Die Loge sollte ihm schon im ersten Grad zu einer Art innerer Heimat werden, ein echtes Zuhause. Falsch wäre es, wenn er sie als Club, als Stammtisch oder als bloßen Zufluchtsort empfände.

Am Ende seiner Lehrlingszeit, die zumeist ein Jahr umfasst, wird er ein Gesellenstück leisten, d. h. ein Baustück abliefern, d. h. einen Vortrag halten. In der Johannis-Freimaurerei sind solche Vorträge das Herzstück innerhalb des Rituals. Der Lehrling wird entweder über sich selbst sprechen, über sein Leben, oder über die Einsichten reden, die er in maurerischer Hinsicht gewonnen hat. Der Erste Aufseher wird dann darüber befinden, ob dieser

Lehrling in den zweiten Grad, den des Gesellen, befördert werden kann. Aber das muss zuletzt die gesamte Loge beschließen.

Was hat er in diesem Jahr geleistet? Er hat im Rahmen der Bruderschaft Wissen erworben, auf eine ganz neuartige Weise, vornehmlich durch Erleben. Dies ist eine der ältesten Formen wie Wissen erworben wird.

In den Bauhütten des Mittelalters gab es ebenfalls Lehrlinge und Gesellen und einen Dombaumeister, der mit einer Gemeinschaft von Bauleuten an einem gotischen Dom lebenslang baute. Das Wissen jener Handwerker war lange Zeit hindurch ein bloß empirisches, das nirgends anderswo als in einer Bauhütte erworben werden konnte. Diese Bauhütte, d. h. ihr Meister und ihre Gesellen, besaßen demnach ein höchst wertvolles Sonderwissen, das sie einem Neuling nur nach sorgfältiger Prüfung und schrittweise vermittelten. Um sich vor Zudringlichen, Unerfahrenen, Ungelernten zu schützen, entwickelten die Mitglieder solcher Bauhütten geheime Erkennungszeichen. Außerdem musste derjenige, der in eine Bauhütte aufgenommen werden wollte, erklären, wo und unter welchen Umständen er zuerst mit seinen Handwerkskollegen zusammengekommen sei. So konnte ein Lehrling oder Geselle, der in der Bauhütte des Straßburger Münsters aufgenommen war, sich in der Bauhütte zu St. Stephan in Wien mündlich ausweisen.

Bei dieser Gelegenheit sollte nun eines festgestellt werden: Der Bund der Freimaurer entstand – zumindest in England – aus einer Art Handwerksinnung. Es gibt zwar eine Theorie, dass das Wort Freemason (Freimaurer) darauf zurückzuführen sein soll, dass Bauherrn eben Handwerker für ihre Unternehmungen engagierten, die free (frei) waren und nicht einer Innung angehörten. Eben diese hätten dann Logen gebildet. Eine andere Deutung des Wortes Freemason glaubt zu wissen, dass Maurer bzw. Steinmetze freien Stein, d. h. leichten Stein, d. h. Kalk und Sandstein bearbeitet haben und ihr Name sich davon ableite. Dem mag sein, wie es will.

Die großartige Bedeutung der Maurerei besteht darin, dass aus einer operativen Gesellschaft, d. h. aus einer Vereinigung werktätiger Männer, im Verlauf von wahrscheinlich wenigen Jahrzehnten eine spirituelle, sich mit geistigen Inhalten beschäftigende Vereinigung wurde, die sich – und das überrascht besonders – mit moralischen Postulaten, aber auch wissenschaftlichen Themen beschäftigte. Dieser Übergang fand vermutlich gegen Ende des 17. Jahrhunderts statt. Die englischen Bauhütten, die keine Arbeit mehr an Großbauwerken fanden, weil keine mehr gebaut wurden, suchten sich gleichsam ein neues Betätigungsfeld und wandelten sich von operativen Maurern zu spekulativen. In diesen symbolischen Logen war es nun nicht mehr der Fall, dass die Arbeitenden zur Ruhepause zusammentraten, ihre Werkzeuge vor sich hinlegten und gegebenenfalls ein Gebet sprachen. Diese symbolischen Logen waren nämlich dazu übergegangen, Honoratioren, Adelige und Gelehrte in ihren Kreis einzuladen. Dies ist uns im Falle des weltberühmten Physikers Desaguliers, eines Franzosen, dokumentiert. Damit eröffnet sich für die europäische Geistes- und Kulturgeschichte ein neuer Weg. Nicht nur Schulen und Universitäten allein beherrschen das Feld der Erziehung, die das kognitive Wissen Heranwachsenden nahebringen. Sie werden durch ein integrales, d. h. sowohl Verstand, Vernunft, Seele und Geist formendes Verfahren ergänzt, das Erwachsenen zugänglich gemacht wird.

In den Logen des 19. Jahrhunderts vollzieht sich im gesamten europäischen Raum eine starke Diversifikation, so dass auch gesellschaftliche Probleme, soziale Phänomene und esoterische Inhalte in den Logen abgehandelt werden.

Wir sind immer noch bei unserem Lehrling. In der Regel ist es ihm bewusst geworden, dass sein Leben ohne Selbstreflexion, ohne Überprüfung der Prinzipien, die ihn leiten, nicht mehr sein Leben ist. Er hat schon als Suchender einen Sinn in seinem Leben finden wollen und sieht sich nun in einem Bruderkreis, der sich auf dem gleichen Weg befindet. Es ist wahrscheinlich, dass ihm manche Symbole in der Loge noch unverständlich sind, aber auf dem Teppich inmitten der Bauhütte sieht er jene Werkzeuge, die ehemals von den Steinmetzen benutzt wurden, kunstvoll eingewebt als Schaubilder. Er weiß bereits, dass die zwei Steine, die im Osten des Tempels neben dem Altar platziert sind, auf seine Seele und seinen Charakter hindeuten. Mit der Spitzhacke wird er den rauen Stein seiner eigenen Persönlichkeit soweit glätten, dass er sich ohne Schwierigkeit in den Tempelbau der allgemeinen Menschenliebe einfügen kann.

Vielleicht hat er sich in diesem ersten Jahr öfter gefragt, ob er nicht als Einzelner ein ähnliches oder gleiches Ziel erreichen könnte. Aber schon hat er erlebt, dass Menschwerdung im geistigen Sinne aufs engste daran gebunden ist, derart mit seinen Mitmenschen in einen echten Kontakt zu kommen, dass die Widerspiegelung in einer anderen Person ein notwendiges Vehikel ist, die eigene Person besser und vollendeter zu gestalten. Er hat gelernt, dass ein einzelner Mensch, zurückgeworfen auf sich selbst, nicht fähig ist, Entscheidendes auszuführen. Er hat gelernt, und zwar ist es ihm bewusst geworden, dass jeder Mensch einen für ihn geeigneten sozialen Bereich nötig hat, um bestmöglich zu existieren. Er hat Brüder gewonnen, von denen er weiß, dass er sich auf sie verlassen kann. In einer Welt der rücksichtslosen Konkurrenz, der bedenkenlosen Gier, Vorteile zu erlangen, in einer Welt, in der Kälte und Gleichgültigkeit an der Tagesordnung sind, ob im Beruf, Familie, Partei oder Betrieb, wird er die Loge, der er nun angehört, als einen Ort empfinden, der zwar **in** der Welt ist, zugleich jedoch das Modell einer besseren Welt darstellt.

Er wird sich vielleicht die Frage stellen, ob die Loge ein Abbild der Welt, oder ihr Vorbild sein will und er begreift, dass die Mitglieder einer Loge sich umso besser im Alltag verwurzeln können, je tiefer sie in die Maurerei eindringen.

Der zweite operative Schritt ist die Beförderung des Bruders vom Lehrling zum Gesellen. Die Loge kann mit Recht annehmen, dass etwa innerhalb eines Jahres der neue Bruder den Weg zur Selbsterkenntnis eingeschlagen hat. Mit noch größerem Recht darf sie annehmen, dass er sich an die Bruderschaft gewöhnt hat und, sofern er echtes Interesse zeigt, wird ihn der Erste Aufseher zum Gesellen vorschlagen.

In der Handwerkstradition ist es seit Jahrhunderten üblich, dass der Übergang vom Lehrling zum Gesellen mit bestimmten Bräuchen, die dort oft ins Burleske ausarteten, verbunden ist. Die Aufnahme des Lehrlings bei den Maurern, die ihn zum Gesellen befördern, ist eines der großen Feste der Maurerei. In der Regel wird es mit Fröhlichkeit in heiterer Laune, in einer mit Blumen geschmückten Loge, abgehalten. Dennoch wird der zu Befördernde während der Wanderungen, die er in der Loge zu vollführen hat, immer wieder auch an den Tod erinnert, wobei diese Handlungen stark ritualisiert sind.

Als Geselle darf unser Freimaurer nun auch allein alle anderen regulären Logen in der Welt – es werden ungefähr 40–45.000 sein – besuchen. Dieser zweite Grad, der ihm nun verliehen ist, betont ganz besonders eine Hauptthese der Maurer: Die Brüderlichkeit.

In den deutschsprachigen Logen wird dem Gesellen oft ein Lehrbrief überreicht, der von Johann Wolfgang von Goethe stammt und den Wilhelm Meister im gleichnamigen Roman von den Mitgliedern der Turmgesellschaft überreicht bekommt. Es ist dies eine Sammlung bedeutender Aphorismen von menschlichem Interesse und tiefer Weisheit.

„Die Kunst ist lang, das Leben kurz, das Urteil schwierig, die Gelegenheit flüchtig. Handeln ist leicht, Denken schwer; nach dem Gedachten handeln unbequem. Aller Anfang ist heiter, die Schwelle ist der Platz der Erwartung. Der Knabe staunt, der Eindruck bestimmt ihn, er lernt spielend, der Ernst überrascht ihn.

Die Nachahmung ist uns angeboren, das Nachzuahmende wird nicht leicht erkannt.

Selten wird das Treffliche gefunden, seltener geschätzt. Die Höhe reizt uns, nicht die Stufen; den Gipfel im Auge wandeln wir gerne auf der Ebene. Nur ein Teil der Kunst kann gelernt werden; der Künstler aber braucht sie ganz, Wer sie halb kennt, ist immer irre und redet viel; wer sie ganz besitzt, mag nur tun und redet selten oder spät. Jene haben keine Geheimnisse und keine Kraft, ihre Lehre ist wie gebackenes Brot, schmackhaft und sättigend für einen Tag.

Aber Mehl kann man nicht säen und die Saatfrüchte sollen nicht vermahlen werden.

Die Worte sind gut, sie sind aber nicht das Beste. Das Beste wird nicht deutlich durch Worte. Der Geist, aus dem wir handeln, ist das Höchste. Die Handlung wird nur vom Geiste begriffen und wieder dargestellt. Niemand weiß was er tut, wenn er recht handelt; aber des Unrechten sind wir uns immer bewusst. Wer bloß mit Zeichen wirkt, ist ein Pedant, ein Heuchler oder Pfuscher. Es sind ihrer viele und es wird ihnen wohl zusammen. Ihr Geschwätz hält den Schüler zurück und ihre beharrliche Mittelmäßigkeit ängstigt die Besten.

Des echten Künstlers Lehre schließt den Sinn auf; denn, wo die Worte fehlen, spricht die Tat. Der echte Schüler lernt aus dem Bekannten das Unbekannte entwickeln und nähert sich dem Meister."

In den dritten Grad wird der Geselle in den meisten Fällen nach einem weiteren Jahr der Zugehörigkeit zum Bund erhoben. Ihm und seinen Mitbrüdern ist es bewusst, dass diese Graderteilungen natürlich symbolisch sind, dass sie einen inneren seelischen Vorgang in bildlicher und szenischer Weise darstellen. Der erste Grad eröffnet dem Suchenden den Eintritt in den Freimaurerbund, der zweite bestätigt ihm seine wertvolle Mitarbeit in der Loge, der dritte Grad betrifft nun wieder ihn selbst.

Er hat gelernt, sich selbst zu erkennen, sich selbst zu beherrschen, und soll nun den Weg gehen, sich zu vollenden. Es ist klar, dass diese Forderungen Postulate sind, die man mehr oder weniger erfüllen kann, je nach Charakter und Schicksal. Auch die Meisterwürde wird symbolisch verliehen. Jeder wahre Freimaurer weiß, dass er sein Leben lang Lehrling bleibt, aber sich den Zielen des zweiten und dritten Grades sehr wohl asymptotisch nähern kann, ohne sie je ganz zu erreichen.

Der dritte Grad besteht in einem Psychodrama von nahezu shakespearschem Charakter, in einer Legende, deren Inhalt aus der Bibel stammt. Eine im Buch der Könige und in der Chronik genannte Person, nämlich der Baumeister Hiram steht im Mittelpunkt der Handlung. Er, der Baumeister des salomonischen Tempels, wird von aufrührerischen Gesellen ermordet. Sie wollen ihm mit Gewalt das Meisterwort entreißen. Dieses Meisterwort, ob es nun der Name Gottes ist, ob es seine bautechnischen Fähigkeiten beschreibt, ob es sonst eines der Welträtsel sein mag, in keinem Fall kann es durch Gewalt erworben werden. Die verräterischen Gesellen sind Mörder und zugleich ist ihnen das wahre Geheimnis des Lebens, nämlich Arbeit, Demut, Geduld und Güte, unbekannt.

Dieses Ritual, das Erhebung genannt wird, soll die Erreichung vollkommener Meisterschaft symbolisieren. Der Weg der Individuation ist symbolisch beendet. Er ist in die Königliche Kunst vollkommen eingeweiht.

Dem Kenner der Kultur- und Kunstgeschichte ist es klar, dass seit einigen Jahrtausenden der Mythos der Auferstehung zu den grundlegenden religiösen Gedanken der Menschheit gehört. Schon im fruchtbaren Halbmond, also jenem Bereich zwischen dem Persischem Golf und dem Mittelmeer, gab es fünf Jahrtausende vor Christus Auferstehungskulte, Vorstellungen, die auch den Kern der ägyptischen Osiris-Religion bildeten.

Der Meister begreift, warum die Freimaurerei auch Königliche Kunst genannt wird. Dass im dritten Grad der salomonische Tempelbau (ist gleich der Tempel der „Allgemeinen Menschenliebe") im Mittelpunkt des Psychodramas steht, ist bei einer Handwerksinnung wie der Freimaurerei leicht verständlich. Geheimnisvoll bleibt die Tatsache, dass man vom Gesellen nicht aus eigener Kraft zum Meister werden kann. Aber tatsächlich vollzieht sich auch im Alltagsleben der Weg zur Meisterschaft nur durch die Mithilfe von anderen, die unsere Lehrer und Meister sind. Kein Mensch kann allein aus sich heraus in irgendeinem Gebiete Meisterschaft erreichen, ohne die Mithilfe, die Lehre seiner Mitmenschen. Einer allein ist keiner. Der Mensch ist ein Zoon politicon, also ein gesellschaftliches Wesen. Mit diesem dritten Grad ist das freimaurische Lehrsystem der Johannis-Freimaurerei vollendet. Die darauf aufbauenden Hochgrade erläutern und vertiefen die Symbole und Rituale der drei ersten Grade, bringen weitere Psychodramen und legen Wert auf transzendente Erlebnisse und Einsichten.

Man kann jedoch mit Recht feststellen, dass die ersten drei Grade ein umfassendes maurerisches Wissen anbieten. Von der Geburt bis zum Tod reichen ihre Rituale und stellen daher ein Art Welttheater, Theatrum Mundi, dar.

Präverbale Symbole und ihre rituelle Erläuterung

Wir sind geneigt, unser Zeitalter als das der Kommunikation anzusehen, wir sprechen von einer Informationsgesellschaft (die sich angeblich in eine Wissensgesellschaft entwickeln wird) und sind es gewohnt, im alltäglichen Leben mit zahllosen Signalen, Zeichen und Symbolen umzugehen.

Auf unseren Haushaltsgeräten, auf den elektrischen und elektronischen Apparaten sind die meisten Anweisungen durch Zeichen gegeben. Der Straßenverkehr wird an kritischen Punkten durch Schilder geregelt, die Piktogramme aufweisen. Wir alle sind daher mit Signalen und Zeichen vertraut. Diese Signale und Zeichen sind jedoch präverbal, aber noch keine Symbole.

Wir haben schon an anderer Stelle darauf hingewiesen, was ein Symbol ist. Goethe hat wahrscheinlich die kürzeste Formulierung gefunden: „Ein Symbol ist ein Objekt in seiner höchsten Bedeutung". Und wir haben auch das Beispiel des Dreiecks angeführt, das im Zeichenunterricht gebraucht wird, aber auch verschiedene andere Bedeutungen haben kann, wie etwa als Straßenverkehrszeichen, oder in der Kirche über dem Altar die Trinität Gottes.

Um dem wahren Sinn eines Symbols näherzukommen, muss man wissen, dass das Symbol davon lebt, vom Rezipienten, also auch von demjenigen, auf den es wirken soll, interpretiert zu werden. Das Symbol bedarf daher der Erläuterung um verstanden zu werden. Dann eröffnet es jedoch vielfältige Dimensionen.

Beginnen wir gleich mit dem höchsten aller Symbole. Die Freimaurer verwenden das Wort „Gott" mit voller Absicht nicht. Sie ersetzen es durch das Symbol „Großer Baumeister aller Welten". Da in den Logen Angehörige aller Religionen versammelt sind oder sein können, ist es notwendig, die Gottesvorstellung durch ein solches Symbol zu kennzeichnen, um eventuelle Meinungsverschiedenheiten oder gar Streit von Haus aus zu vermeiden.

Das Symbol ist praktisch wie ein Mantel, hinter dem sich jeder seinen Gott vorstellen kann. Das heißt, dass auch der Wissenschaftsgläubige, der Agnostiker ebenso gut wie der konfessionell Gebundene, das Symbol „Großer Baumeister aller Welten" ohne Schaden an seiner Überzeugung und seinem Gewissen anerkennen kann.

Wer erkannt hat, dass unsere Welt, unser Universum, die lebende wie die sogenannte tote Natur ein unbegreifliches Wunder ist, wer erkannt hat, dass unsere Existenz nahezu unbegreiflich ist, wird beurteilen können, wie wichtig Symbole sind.

Ich habe nicht die Absicht, die Geschichte des Gottesglaubens, die der Vielgötterei und die des Theismus in dieser kurzen Übersicht darzustellen. Es ist ziemlich gleichgültig, wie der erste Urheber, der Schöpfer des Weltalls genannt wird. „Gott" bliebe auch nur ein Wort, wenn wir uns nicht bewusst werden, in welch ungeheurer Vielfalt zahllose Kräfte zusammenwirken, um unser Leben hier und jetzt zu gewährleisten.

Die Gläubigen führen alle Erscheinungen dieser Welt auf Gott zurück. Die Wissenschaftler versuchen Schritt für Schritt sich dem Geheimnis der Universen zu nähern, indem sie mit Hilfe der Vernunft und des Verstandes experimentieren und diese Experimente auf ihre Richtigkeit überprüfen. Beide jedoch, der rationale Wissenschaftler und der Gläubige, stoßen an eine Grenze, an der ihnen eine überindividuelle Vernunft, eine unbegreifliche Kraft entgegentritt. Unser Kosmos wird von vier Kräften gebildet, der Kraft des Lichtes, der Anziehungskraft oder auch Gravitation, vom Magnetismus und den Atomkräften in unseren Sternen. Einstein wollte diese vier kosmischen Kräfte in einer allgemeinen Feldformel zusammenfassen. Wahrscheinlich wird dies kaum je gelingen, denn diese Formel wäre ja möglicherweise gleichzeitig die Formel für das, was wir so leichtfertig Gott nennen.

Ein Symbol muss, um verstanden zu werden, erläutert werden. Es wird jedoch nie gelingen, das Symbol allein mittels der Sprache, das heißt des bloß rationalen Verstandes, festzulegen. Im Symbol sind die Gefühle des Betrachters miteingeschlossen oder, anders gesagt, er projiziert seinen Geist und seine Gefühle in oder auf das Symbol. Während es sehr leicht möglich ist, dass sich Menschen vermittels der Sprache nicht zusammen-, sondern auseinanderreden, weil sprachliche Formulierungen in unseren Gehirnen auch immer entgegengesetzte Meinungen hervorrufen. Das Symbol ist aber eine einigende Kraft, die mehrdeutiger Auslegung fähig ist und dennoch einen bestimmten Inhalt hat.

In der Loge, die ja zugleich ein Modell unserer Welt ist, gibt es noch eine große Anzahl symbolischer Objekte, die im Prinzip auf Kulturerrungenschaften unseres Menschengeschlechtes hinweisen.

Da war zunächst die besondere Leistung des Homo faber, der sein Handwerkszeug urplötzlich auch als moralische Qualität betrachtete: So etwa den Zollstock, die Kelle, den Spitzhammer, die Wasserwaage, das Senkblei. Diese Objekte symbolisieren menschliche Qualitäten. Diese Symbole wurden dem Lebensraum der Werkmaurer, den Dombauhütten entlehnt.

Der philosophische und geistige Reichtum unserer westlichen Welt manifestiert sich ebenso in den Symbolen wie in den rituellen Gesprächen.

In der Mitte der Loge liegt, wie wir bereits wissen, der Tapis, auf dem Sonne, Mond und ein Stern eingewebt sind, ebenso sieben Stufen, die die sieben freien Künste darstellen, die im Mittelalter an den Universitäten gelehrt wurden. Die ebengenannten Gestirne schmücken auch in den verschiedenen Graden den Tempelraum und im Ritual fordert der erste Aufseher die Brüder auf, während der Arbeit ihren Verstand zu erhellen und für alles Gute, Schöne und Wahre zu erwärmen. Dieses ist ein Hinweis auf das platonische Ziel der antiken Philosophie und zugleich ein Prinzip der Aufklärung. Die Liste wäre noch zu vervollständigen, es kommt mir nur darauf an, zu verdeutlichen, dass die Loge die moralischen, ethischen, und auch wichtige philosophische Grundsätze vermittelt, die in unserer Kultur erarbeitet worden sind.

Es kann wohl gesagt werden, dass die Freimaurerei basierend auf jüdisch-christlichem Gedankengut eine nach vorne offene Entwicklung gewährleisten will, wobei sie sich im Einklang mit den Urkräften der Natur befindet.

Das Ziel jener höchsten überindividuellen Vernunft scheint es zu sein, harmonische Zustände im Weltganzen herbeizuführen. Das Ziel der Weltentwicklung ist Harmonie. Diese Entwicklung ist jedoch ein Prozess und wie jeder Prozess geht er in Stufen vor sich, oft wird nur ein höchst labiles Gleichgewicht – fast nie Harmonie – erreicht. Doch beherrscht der Entwicklungsgedanke alle unsere Universen. Die Sterne entstehen aus schwarzen Wolken, existieren Millionen oder Milliarden von Jahren und vergehen in einer Supernova. Diesen aufbauenden Kräften in den Universen steht jedoch jenes Prinzip gegenüber, das Boltzmann in mehreren Punkten festgelegt hat, nämlich das der Entropie (des Wärmetodes). Wir könnten es auch einfach sagen – das der Zerstörung und Vernichtung. Die Ewigkeit unserer Existenz scheint möglicherweise in einem kleinen Teil des Atoms, dem Elektron zu bestehen. Dieses Elektron geht nicht zugrunde und manche Physiker, deren Meinung mir sehr nahe geht, behaupten, dass diese Elektronen nicht nur Materie, also stofflicher Natur sind, sondern auch in irgendeiner Form Anteil an dieser unbegreiflich übernatürlichen Vernunft besitzen. Erst in den lebenden Organismen bildet sich ein Bewusstsein, ebenso wie das Streben nach Perfektion allen Tieren und Menschen eigen ist. Die Evolution ist die durch Jahrmillionen hindurch sich vollziehende Perfektion. Das heißt, das was wir als Welt verstehen, als Natur, als Umwelt, befindet sich in einem dauernden Entwicklungsprozess, und unsere Philosophie wird dem Rechnung tragen müssen.

Es gibt freimaurerische Vordenker, die der Meinung sind, dass man unsere Welt überhaupt nur aufgrund einer universalen Symbolik begreifen könne. Das mag eine übertriebene Vorstellung sein.

Sigmund Freud entwirft ein Weltbild, das von der Libido und Thanatos (Todestrieb) beherrscht wird. Die moderne Entwicklungslehre, die auf Darwin zurückgeht, spricht von der Entstehung der Arten und ihrer Behauptung in der Umwelt. Die Naturwissenschaften beweisen uns das Entstehen und das Sterben der Universen. Sowohl im Makro- wie im Mikrokosmos gibt es also eine Entwicklung, die man als Perfektion, als Vervollkommnung bezeichnen könnte. Zugleich wirken die Gegenkräfte der Destruktion – der Zerstörung. Die myriadenfache Bewegung der Perfektion wird ständig durchkreuzt durch die Kräfte der Destruktion. So kann es also nur zu labilen oder auch einigermaßen stabilen Gleichgewichten für kürzere oder längere Zeit kommen. Offenbar besteht für jede Existenz in unserem Weltall das Bedürfnis, Harmonie anzustreben. Jede Vollkommenheit birgt schon ihre Zerstörung in sich.

Rainer Maria Rilke schreibt den Vers „Das Schöne ist des Schrecklichen Anfang".

Produkte der Freimaurerei oder Ergebnisse ihrer Andragogik

Unter Andragogik verstehen wir normalerweise „Menschenführung". Die Maurerei will jedoch nicht Menschen führen, sondern sie dazu anleiten, sich selbst zu erziehen. Diese Erziehung erfolgt in den oben angedeuteten drei Graden der Johannis-Freimaurerei und wird in verschiedenen Hochgraden noch weiter betrieben. Was ist nun das Ergebnis dieser Selbsterziehung oder was sollte sie sein?

Derjenige, der sich selbst erzieht, kann darauf rechnen, dass die Freimaurerei tatsächlich Bemerkenswertes produziert: Nämlich Humanität und Toleranz.

Ich lerne zuzuhören, ich lerne den Anderen aus- und fertigsprechen zu lassen, ich versuche, die Meinung des Nächsten auch dann zu verstehen, wenn sie nicht meine ist. Ich versuche, die Handlungsmotive des Nächsten oder Partners zu erkennen, zu verstehen und auch dann, wenn sie meinen Prinzipien widersprechen, zu akzeptieren. Ich versuche den, der nicht meiner Meinung ist, nicht als Gegner oder Feind zu betrachten. Und ich versuche denjenigen, der mir feindlich gegenübertritt, solange es geht, nicht feindlich zu behandeln.

Seit der Erfindung der Atombombe haben wir es in der Hand, die gesamte Menschheit vermittels einiger Atomschläge zu vernichten. Zum ersten Mal in der Geschichte sind wir in der Lage, alle zu töten, müssen jedoch auch in Kauf nehmen, dass wir uns dabei selbst vernichten. Daher ist eine Verständigung unter allen Völkern dieser Welt, unter allen Religionen, Parteien und Staaten unabdingbar notwendig. Der Atomklub der Großmächte kann es heute nicht mehr verhindern, dass kleinere aggressive Staaten, in naher Zukunft selbst Einzelpersonen, etwa Terroristen, Atomwaffen in die Hand bekommen und nicht wieder gutzumachenden Schaden anrichten können. Verständnis und Verstehen zwischen Freunden ist leicht herzustellen, Verständnis für den Feind, nicht. Wir müssen uns die Frage vorlegen, ob es möglich ist, Feindschaften abzubauen oder was noch viel wichtiger wäre, sie nicht entstehen zu lassen.

Woraus entsteht Feindschaft? Offenbar daraus, dass sich zwei Kontrahenten „in die Quere kommen". Offenbar dann, wenn der Eine im Besitz von Waren, Gütern, Energie, etc. ist, in deren Besitz ein Anderer durch Gewalt zu kommen hofft. Vorurteile und Abneigungen spielen im Verhältnis der Völker untereinander immer noch eine bedeutende Rolle. Der Rassenwahn, Farbunterschiede der Haut, verschiedene religiöse Anschauungen, verschiedenes Brauchtum, alles das kann Feindschaften hervorrufen und letztlich auch zu Kriegen führen. Der Rassenwahn, der Klassenkampf und religiöse Zwietracht sind noch immer Erbkrankheiten der Menschheit.

Der Leser könnte die Frage stellen, ob die Freimaurerei ein Abbild der Welt sei oder sich als Vorbild empfindet. Offenbar ist sie aber beides. Ihre Mitglieder kommen aus der Welt des Alltags, sind von Kindheit an geprägt durch die sozialen und ökonomischen Bedingungen, in denen sie aufgewachsen sind. Sie haben ihre Zielvorstellungen oder sind gerade dabei, den Sinn ihres Lebens zu suchen. Insofern sind sie Bürger ihres Staates, Mitglieder ihrer Familie, Zugehörige ihrer Gesellschaftsschicht. In der Loge jedoch wird ihnen klar, dass sie auf dem Weg der Vervollkommnung sind, dass sie einen Weg der Perfektion ihrer selbst einschlagen und es wird ihnen bewusst, dass sie die Welt nur dann verändern können, wenn sie sich zuerst selbst verändern und möglichst vervollkommnen.

Die Toleranz, die der Maurer in der Loge lernt, die Humanität, zu der er sich erzieht, sind kostbare Eigenschaften, die als Gegengift gegen die Barbarei der Welt von der Menschheit im Verlauf von Jahrtausenden im viel zu geringen Ausmaß entwickelt wurden.

In den Logen aber sollen sie weitergepflegt werden. Sie sind einzig geeignet, die zahlreichen polaren Gegensätze zu überwinden.

Der Mann, dem es gelungen ist, sich tolerant zu verhalten, hat an sich selbst eine Verwandlung, man könnte auch sagen eine Wandlung herbeigeführt, die, je mehr sie sich im sozialen Raum verbreitet, fähig ist, das Leben unter den Menschen auf Dauer, d. h. nachhaltig, zu verändern. Im Grunde verbrauchen sehr viele Menschen sehr viel mehr Kraft, um irgendeine Sportart auszuüben, einem Freizeitvergnügen nachzujagen, in der Spaßgesellschaft ihr Vergnügen zu erleben, als sie aufwenden müssten, sich in eine Gemeinschaft einzufügen. Viele Fehlhaltungen entstehen dadurch, dass der Mensch zunächst handelt und danach denkt. In solchen Fällen ist eine Revision, eine Verbesserung des Handelns oft nur mehr schwer möglich.

Goethe hatte das Prinzip „Denken und Tun" aufgestellt, und zwar in dieser Reihenfolge – jede Handlung vorher zu überdenken. Das antike Sprichwort „Was immer du tust, tue es klug und bedenke das Ende" hat zu allen Zeiten seine Gültigkeit.

Der zweite Hauptstrom, der dem Maurer eine selbstbestimmte Erziehung ermöglicht, ist der Vortrag, das Baustück, der Bauriss, den jeweils ein anderer Bruder in der Bauhütte auflegt, d. h. vorträgt.

Dieses Baustück wird dann von allen Mitgliedern der Loge freimütig diskutiert. Die Inhalte derartiger Vorträge sind außerordentlich weit gespannt. Praktisch werden fast alle gesellschaftlichen Probleme, soziale, ökonomische und wissenschaftliche, erörtert und nahezu alle Lebensbereiche abgedeckt. Die vielen tausend Vorträge, die in den verschiedensten Obödienzen gehalten werden, sind sozusagen Beiträge zu einer umfassenden Akademie, die nicht nur das Wissen der Maurer erweitern, sondern auch ihr Gemüt und ihren Seelenzustand formen.

Dabei ist es nicht immer vordringlich, dass neueste Erkenntnisse vorgebracht werden, obwohl es gewährleistet ist, und zwar durch die Zusammensetzung der Mitglieder einer Loge, dass jeweils modernste Erfahrungen und Ideen in den Logen diskutiert werden. In manchen Fällen ist es dem Maurer auch äußerst willkommen, eine ihm bekannte Tatsache durch die Brille und den Gesichtswinkel eines Freundes zu erleben, weil er dadurch Gelegenheit hat, seinen Bruder besser kennenzulernen. Diese Erkenntnis ist ein doppelte: Das Kennenlernen der eigenen Person und der des Bruders und dies ist ein ungeheurer Antrieb zur Kreativität.

Die Maurer sind der Ansicht, dass jeder Mensch kreativ ist, sein kann. Dazu ist es notwendig, dass man sich auf den Nächsten ganz einlässt, ihn in seiner Würde erkennt, ihn auf jeden Fall ernst nimmt. Es ist gleichgültig, ob man mit den Ansichten des Anderen übereinstimmt oder nicht, man wird sie zunächst – falls sie nicht gegen das Sittengesetz verstoßen – respektieren.

Immer werden sich Maurer bemühen, fern von Überheblichkeit, Besserwissen, fern von Aggression und Beleidigung miteinander ins Gespräch zu kommen. Die Loge bildet eine Gruppe von Menschen, die beständig die Absicht haben, einander besser kennenzulernen, aber nicht nur als Personen, als Vertreter ihres Standes, sondern auch als Geistträger, Intellektuelle und als humane, zutiefst menschliche Persönlichkeiten. Dieser andauernde Diskurs bewirkt auch nach Ansicht bedeutender Psychologen und Psychotherapeuten jenes Ziel, das dem Freimaurer so wichtig ist: die Verwandlung ins Humane.

Von welcher Ebene der Persönlichkeit der Suchende, der Lehrling, der Geselle, der Meister auch ausgeht, das perfekte Ritual und die Wirkung der Symbole sind in Wahrheit erst der Beginn seiner Wandlung oder Verwandlung. Für diese Veränderung gibt es eigentlich keine Grenze. Goethe spricht davon, dass man, um ins „Ewige zu gelangen, im Irdischen nach allen Seiten gehen müsse".

Die Globalisierung, die sich zurzeit innerhalb der Weltwirtschaft vollzieht, dient zunächst der Großindustrie, den multinationalen Kooperationen, den Banken. Somit vollzieht sich zurzeit eine wahre Internationalisierung der Wirtschaft, der es daran liegt, ein gewinnträchtiges Netz an Produktionsstätten und Märkten aufzubauen und dies unter der Bedingung möglichst geringer Kosten. Das einzelne Individuum, sein sozialer Status treten dabei mehr und mehr in den Hintergrund. Auf allen Kontinenten entstehen Heere von Arbeitslosen, die nur zum Teil Aussicht haben, wieder in den Arbeitsprozess eingegliedert zu werden und auch nur dann, wenn sie willens und in der Lage sind, sich eine ausreichende Ausbildung anzueignen. Zurzeit befinden wir uns noch in dem Stadium, dass den global agierenden Institutionen ihr Gewinn oft wichtiger ist als das Leben von Menschen. Damit sind sie jenen Militaristen ähnlich, die ihre Soldaten ohne Rücksicht auf Verluste in den Kampf schicken. Jene verursachen Verwundete und Tote, diese Arme, Kranke, Verhungernde und Obdachlose.

In Gegenwart und Zukunft muss es zu den Aufgaben der Freimaurer gehören, gegen diese asozialen Entwicklungen mit allen Mitteln zu kämpfen. Ihre moralischen Grundsätze Humanität und Toleranz sind dazu geeignet.

Was ist Humanität, was Toleranz?

Wir wollen zunächst die Frage untersuchen, was Humanität und Toleranz überhaupt sind.

Das Wort Humanität bezeichnet ein positives Verhalten des Menschen in allen Lebenslagen. Merkwürdigerweise wird das lateinische Wort human, was soviel heißt wie menschlich, hier nur für die Schokoladeseite des Menschen verwendet. Verbrechen, Krieg, jede Art von Kriminalität, von schlechtem Benehmen, von Raffgier, Neid, brutaler Gewalt – alle diese Eigenschaften, die der Mensch leider auch besitzt, werden als unmenschlich, als inhuman von uns angesehen, das heißt selbst in dieser Sprachfindung ist die Tendenz zur Perfektion, zur Vervollkommnung sichtbar; wir wollen nur unsere besten Eigenschaften als menschlich anerkennen.

Humanität ist ein Kulturprodukt. Es bedeutet auch Rücksichtnahme, Einfühlungsvermögen, Verständnis und Nachsicht. Humanität entwickelt man nicht nur innerhalb seiner eigenen Familie, in seinem Betrieb, seiner Gemeinde, seinem eigenen Staat. Humanität zeigt man auch gegenüber dem Fremden, dem Anderen. Wer Gewalt in der Familie ausübt, ist nicht human. Wer Flüchtlingen und Fremden gegenüber das notwendige Mitgefühl und die noch notwendigere Hilfe verweigert, ist inhuman. Kriege sind die ausgesprochenen Fehlleistungen des Menschen, sie existieren jedoch offenbar seit Anbeginn der Zeiten und können nur durch humane Mittel überwunden werden.

Man könnte sagen, Humanität ist das Idealbild, das der Mensch von sich selbst besitzt. Es gehört zu der ärgsten Überheblichkeit, zu der wir fähig sind, wenn wir die schlechten Seiten unseres Charakters als bestialisch bezeichnen – Bestien sind Tiere und Tiere können nicht bestialisch sein.

Der Freimaurer versucht das, was er in der Loge durch Wort und Ritual einübt, in seiner Alltagswelt außerhalb der Loge zu praktizieren. Er wird versuchen, in seiner Familie, in seinem Umkreis Verhältnisse zu schaffen, die human sind, praktisch Zustände, in denen es weder zu Überheblichkeiten noch zu Streit und Misstrauen kommen kann. Wir alle wissen, dass der Krieg in der Familie beginnt. Unfrieden verbreitet sich sehr schnell. Es scheint so, als ob Humanität eine schwache Waffe im allgemeinen Weltchaos wäre. Dem ist nicht so.

Die Beschreibung dessen, was Humanität sei, kann nur unvollständig bleiben, weil wir, um sie zu erfüllen, ein ganzes Leben daran setzen müssen, uns diesem Ziel zu nähern. Der humane Mensch wird auch tolerant sein.

Das Wort Toleranz stammt aus dem Lateinischen und

heißt zunächst nichts anderes als dulden, auch erdulden. Im Verlauf der Geschichte tritt immer wieder der Fall ein, dass eine Minderheit von einer Mehrheit verlangt, erwartet, erhofft, geduldet zu werden. Nun ist es kaum eine vorbildliche Beziehung zwischen Menschen, wenn einer den anderen nur duldet. Da die Maurer das Ziel haben, dass die Menschheit **eine** Familie sein möge, ist bloßes Erdulden zu wenig. Unser Verhältnis zu unseren Mitmenschen kann in einer leicht überschaubaren Skala beschrieben werden. Erdulden, dulden, achten, schätzen, lieben.

Nun ist es nicht jedermanns Sache, mit dem Nächsten, den wir bekanntlich lieben sollen – wie es bereits in der Bibel steht – wirklich auszukommen. Man muss daher lernen, mit dem Nächsten in ein praktikables Verhältnis zu kommen. Und dazu kann Toleranz, obschon sie selbst eigentlich zu wenig ist, doch nützlich und dienlich sein.

Toleranz ist ein gutes Bindemittel in allen Lebenslagen. Es ist nur unsinnig, wenn der Mächtige verlangt, dass der Unmächtige ihm gegenüber tolerant sein sollte. Es gibt also eine Grenze der Toleranz. Diese zu ermitteln ist nicht leicht, sondern außerordentlich schwierig. Wer jedoch ständig versucht, mit Weisheit, Stärke und Schönheit den Weg der Perfektion einzuschlagen, wird außerordentlich vorsichtig sein, in Streitfällen und Konflikten so zu agieren, dass schließlich nur mehr das Mittel der Gewalt übrig bliebe. Es scheint so zu sein, dass seit dem Anfang unseres Menschengeschlechtes der Einzelne oder die Gruppe, der er sich anschließt, stets geneigt war, eine Übermacht anderen gegenüber auszuüben. Nur so scheint es dem „normalen Menschen“ möglich zu sein, in einer Welt zu überleben, die, wie Friedrich Schiller sagt, von Hass und Liebe regiert wird.

In alten Zeiten hat der Mächtige, sogar der Übermächtige, aus Einsicht oder Großzügigkeit gegenüber Minderheiten, Toleranz gezeigt. In der Gegenwart und Zukunft wird ein Überleben unserer Gesellschaft und der ganzen Menschheit nur dann möglich sein, wenn jeder Einzelne es lernt, in seinem Lebensbereich Toleranz zu üben. In der Loge lernt der einzelne Bruder seinen Mitbrüdern gegenüber Verständnis und Respekt und erwirbt zuletzt echte Toleranz.

Eine große Schwierigkeit bietet sich jedoch sowohl dem Maurer wie dem Nichtmaurer jederzeit an: Dem Intoleranten kann er nicht mit Toleranz entgegentreten. Gewalt und Terror können nicht hingenommen werden. Dennoch muss solange es überhaupt möglich ist, der Dialog, der Diskurs, die Diskussion zwischen Gegnern, ja sogar zwischen Feinden aufrechterhalten werden.

Es kann nur nicht so sein, dass Toleranz und Humanität nur in den Logen gelehrt werden. Nicht nur Freimaurer sollten sich human und tolerant verhalten. Wir müssen dazu kommen, dass unsere jeweilige Öffentlichkeit, d. h. der Staat und die veröffentlichte Meinung, Humanität und Toleranz als eine erste Qualität schätzen. Das Gegenteil ist der Fall: Humanität und Toleranz werden als altmodisch empfunden, als Schwäche angesehen, politisch als fast unnütz betrachtet. Und dennoch sind Toleranz und Humanität die einzigen Verhaltensweisen, die auf Dauer unser Überleben garantieren.

Humanität und Toleranz sind keine Allheilmittel zur Humanisierung der Gesellschaft, jedoch sind sie von ungeheurer Bedeutung und können nicht früh genug erworben werden.

Abgrenzung gegenüber Religion, Wissenschaft und Philosophie

Es ist für den Außenstehenden vielleicht schwer zu verstehen, was die Maurer in ihren Logen treiben, was sie als ihre „Arbeit" bezeichnen. Obschon Bibliotheken voll maurerischer Literatur existieren, alle ihre sogenannten Geheimnisse publiziert sind, obschon Gegner der Bruderschaft in Wort und Schrift, durch Bild und Film die Freimaurerei beschrieben und zu erläutern versucht haben, kann sie im Grunde nicht verraten werden. Es verhält sich bei der Freimaurerei wie mit einer Liebschaft oder einer Reise in fremde Länder. Man muss beides erfahren und selbst erlebt haben, um es zu verstehen.

Dem Suchenden wird bereits bei Eintritt in die Loge erklärt, dass die Freimaurerei keine anderen Geheimnisse habe als ihre Symbole und ihre Erkennungszeichen. Dennoch wird immer wieder angenommen, sie sei eine Art Ersatzreligion oder eine Art philosophische Schule. Beides ist sie nicht.

Eine Religion hat bestimmte Glaubensgrundsätze, die eingehalten werden müssen, vor allem müssen sie geglaubt werden. Religionen gründen meistens auf göttliche Offenbarung, bieten ein Mysterium an und verwalten Sakramente. Religionen kennen Opfer, Gebete, Sünden und Beichte. Sie kennen Wallfahrten, Heilige und Wunder. Das entscheidende jedoch ist, dass sie auch Dogmen kennen, die dem Gläubigen verpflichtend vorgeschrieben werden. Die großen Buchreligionen, das Judentum, die Christenheit, der Islam beziehen ihre Offenbarungen aus den heiligen Schriften, die Gottes Wort sind. Den Freimaurern sind diese heiligen Schriften ehrwürdige Zeugnisse einer großen Tradition. Die Freimaurerei bietet keine Mysterien an.

Überhaupt sind die drei Grade der Maurerei nicht so zu verstehen, dass die jeweilige Verwandlung in den nächsten Grad während des Rituals einträte. Die drei Grade verweisen auf eine lebenslange Arbeit des Maurers an sich selbst und sie symbolisieren das, was er bis zu seinem Tod an sich selbst zu leisten hat. Die Vorbereitung auf den Tod als ein Ziel der Vollkommenheit wird in jedem Grad besonders hervorgehoben. Man könnte daher sagen, die Maurerei ist eine Einschulung für das Leben und eine Vorbereitung auf den Tod, insofern dieser seinen Schrecken verliert und im Zug der Vervollkommnung – der Perfektion – ein natürliches Phänomen darstellt. So ist auch die Vorbereitung auf den Tod ein wesentliches, maurerisches Ziel, d. h. der Maurer wird versuchen, sich auch im Kosmischen zu verankern oder einzubetten.

Die Freimaurerei hat jedoch keine eigene Kosmogonie entwickelt. Auch hier lässt sie dem Wissensstreben und dem Gefühl des Einzelnen volle Freiheit. Sie ist allen Wissenschaften gegenüber vollkommen offen und empfiehlt ihren Mitgliedern, sich wissenschaftlich zu betätigen. Dies geschieht vornehmlich in Vorträgen innerhalb der rituellen Arbeit. Je mehr gebildete und kreative Brüder sich in einer Loge befinden, umso vielfältiger, interessanter und auch bedeutender werden die dort gehaltenen Vorträge sein. Es gibt Logen, denen erstrangige Wissenschaftler, Künstler, Schriftsteller, Architekten, Musiker angehören, die zur Elite ihrer Disziplin zählen.

Um Außenstehenden die Freimaurerei interessant zu machen, geschieht es immer wieder, dass aus der Reihe bedeutender Freimaurer die hervorragendsten Namen genannt werden, um zu beweisen, welche ehrwürdige Gesellschaft die Freimaurerei sei. Meiner Meinung nach sollte die Freimaurerei tatsächlich darauf stolz sein, dass sich hervorragende Persönlichkeiten in ihren Reihen wohlgefühlt haben.

Weiters muss auch nachdrücklich darauf hingewiesen werden, dass die Freimaurerei keine philosophische Schule ist, wenn man darunter ein ausgeformtes, geschlossenes System versteht. Sie besitzt kein System, das in sich widerspruchslos entwickelt wäre. Als „Weisheitslehre" bietet sie jedoch ihren Mitgliedern zahlreiche philosophische Einsichten an. Die Freimaurerei ist keine Institution, die sich gegen irgendeine Religion oder irgendeine Philosophie wendet. Sie ist also keine Anti-Institution. Es gab allerdings

Zeiten, in der sich die Freimaurer antiklerikal verhielten, weil sie von der römischen Kirche verfolgt wurden. Seit dem Zweiten Vatikanischen Konzil jedoch tritt auf beiden Seiten eine gewisse Zurückhaltung zutage. Die römische Kirche entfernte aus dem Codex Juris Canonici (CIC) jene Verdammungsurteile, die sie für die Freimaurerei dort angewendet hatte.

Franz Kardinal König erklärte in einem Brief vom 22.4.1983 an den Deputierten Großmeister der österreichischen Freimaurerei Dr. Kurt Baresch:

Lieber Herr Doktor!
Auf Grund Ihrer letzten Anfrage bezüglich des neuen Kirchenrechtes, des neuen CIC, erlaube ich mir Ihnen folgendes mitzuteilen: Das neue Kirchenrecht, der neue CIC, welches vom Papst am 25.1.1983 unterzeichnet wurde, erlangt am 27. November 1983 Rechtskraft. Daraus ergibt sich, dass im neuen CIC die bisher in Geltung befindliche Exkommunikation für Mitglieder der Freimaurerei nicht mehr enthalten und damit außer Kraft gesetzt ist. Ich freue mich, Ihnen dies mitteilen zu können, im Wissen, dass damit auch für Sie eine langjährige Arbeit zu einem positiven und erfreulich Abschluss gekommen ist.
Herzlichst grüßt
+Kard. König

Kardinal Ratzinger, der Leiter der Congregatio Fidei, nachmalig Papst Benedikt XVI, vertrat jedoch einen Tag vor dem Inkrafttreten des CIC die Ansicht, dass ein Katholik, der Freimaurer würde, in schwerer Sünde lebe. Demgegenüber kennen fast alle freimaurerischen Obödienzen keine Aufnahmebeschränkungen, die sich auf Glaubensbekenntnisse gründeten.

In diesem Zusammenhang sollte die Frage behandelt werden, die die Deckung der Freimaurerei betrifft und was darunter zu verstehen ist. Der einzelne Maurer kann sich jederzeit dazu bekennen, Freimaurer zu sein. Bei seiner Aufnahme wird er jedoch ersucht, Verschwiegenheit zu üben und die Namen seiner Mitbrüder niemandem bekannt zu geben. Dieses Verhalten hat dem Bund der Freimaurer die Nachrede eingetragen, dass es sich um einen Geheimbund handle. Das ist keineswegs der Fall. Die einzelnen Logen, ebenso wie die Großlogen, sind eingetragene Vereine, d. h. staatlich registriert. Ihre Vorsitzenden, Sekretäre und Kassiere sind amtlich gemeldet. Die Bitte, verschwiegen zu sein hat ihren Grund darin, dass durch drei Jahrhunderte die Katholische Kirche die Freimaurer als Ketzer verfolgte und es auch heute noch da und dort einem Freimaurer schaden könnte, wenn seine Zugehörigkeit zum Bund offengelegt würde. Es gibt noch immer Fanatiker, die der Meinung sind, dass die Freimaurerei eine internationale Verschwörung wäre. Wir alle wissen bereits, dass es eine Verschwörung zum Guten ist.

Zur Genealogie des Sittengesetzes

Die meisten Leute glauben, dass es ein Sittengesetz ohne Religion nicht geben könne. Der konfessionell nicht ausdrücklich Gebundene ist in ihren Augen ein Gottloser und womöglich ein Sittenloser. Ja, Eltern und Erzieher glauben, dass sie gute Sitten, anständiges Benehmen, rechtschaffenes Verhalten ihren Kindern nur im Zusammenhang mit einer bestimmten Konfession vermitteln können. Die Theologen, also die Gottesgelehrten, versuchen zu beweisen, dass ohne einen Gottesbegriff kein Sittengesetz funktioniert. Sehr wahrscheinlich aber ist es, dass sowohl die Gottesvorstellungen wie das Sittengesetz parallel entstanden sind.

Verlassen wir uns einen Augenblick auf die Weisheit unserer Sprache. Das Wort „gut" steht in verdächtiger Nähe zu zwei anderen Wörtern, zu „Güter" und zu „gütig". Eine Worterklärung könnte uns vielleicht auf die Spur der Entstehung des Sittengesetzes führen. Das Wort „gut" bedeutet zugleich Besitz (auch ein Stück Boden kann ein

„Landgut“ sein) – „gütig“ ist derjenige, der etwas zu verschenken hat, nämlich nicht nur Ware, sondern auch z. B. Zuneigung.

Das Verhalten unter den ersten menschlichen Familien und Stämmen musste von allem Anfang an ein gewisses Regelwerk entwickeln und Sorge tragen für Nahrung, Schutz vor Unbill des Wetters, für Behausung, Aufzucht der Kinder, Abwehr von feindlichen Tieren oder rivalisierenden Gruppen. Das schlägt sich in der Sprache nieder. Sie alle benötigten eine mehr oder weniger ausgeformte Sprache. In dieser Sprache unterschieden sie das Nützliche vom Unnützen, das Gute vom Bösen, das Angenehme vom Unangenehmen. Das alles taten sie höchst subjektiv. Sie bezogen alle Ereignisse auf sich und erst nach und nach, unter dem Einfluss eines wachsenden Altruismus (wahrscheinlich vor allem unter dem Einfluss der Mutterliebe), entsteht ein weniger egoistisches Verhalten.

Pessimistische Forscher sind allerdings der Meinung, dass schon in der Altsteinzeit der frühe Mensch eher ein nackter Affe, eine fleischfressende Bestie, also ein gewalttätiges Individuum gewesen sei. Die Paläontologen glauben erkennen zu können, dass nach den hominiden Menschenarten der Homo sapiens, der Homo erectus, der Neandertaler nebeneinander oder doch fast gleichzeitig gelebt hätten.

Die Unterscheidung zwischen Gut und Böse, zwischen Richtig und Falsch, zwischen Brauchbar und Unbrauchbar erfolgte in Kooperation mit der Sprache, d. h. mit der Entwicklung der Großhirnrinde.

Jede menschliche Gemeinschaft, je mehr sie sich von einer tierischen entfernte, vervollkommnete ihre Fähigkeit zum Abstrahieren.

Ich kann mir gut vorstellen, dass vor einigen Jahrhunderttausenden konkrete Objekte, Tiere, Pflanzen, Steine oder gewisse Verhaltensweisen der Geschlechtsgenossen in der jeweiligen Situation auch moralisch bewertet wurden. Die gesamte Welt und Umwelt, in der unsere Vorfahren lebten, war ein Konstrukt ungeheuer verschiedener Wesen, Substanzen, sich bewegender und scheinbar toter Gegenstände. Sie selbst, unsere Vorfahren, waren durchaus eingeflochten und eingehaust in dieser so veränderlichen Welt und es bedurfte zweifellos ungeheurer Anstrengung, sich aus dem animalischen Bereich in den humanen fortzuentwickeln. Genveränderungen, Zufall oder Fügung lassen dieses Mängelwesen Mensch, das weder über Krallen, Hauer, Reißzähne oder Flügel verfügt, nicht schnell laufen kann und sich Waffen fertigen muss, um nicht elendig zugrundezugehen, als höchst hilflos und doch zugleich als höchst erfinderisch erscheinen.

Dieses mit einem Großhirn ausgestattete Wesen entwickelt Bewusstsein. Das heißt zugleich, es entwickelt Erinnerung, Phantasie, Gedächtnis und Intuition in viel größerem Ausmaß als es Tiere besitzen, sowie Kreativität und Vorstellungskraft und hat somit praktisch Anteil an dem, was wir göttliche Vernunft nennen können.

Der Verhaltenskodex des Menschen kann jedoch auch auf rein materieller Basis entstanden sein und auch auf diese Art gedeutet werden. Im Verlauf der Jahrtausende erwirbt die Familie oder die Gruppe ständig mehr und mehr Eigentum – Besitz von Gütern –, was natürlich als gut empfunden wird.

So scheint es sehr wahrscheinlich, dass mit dem Aufkommen von Eigentum Moral entsteht, ja notwendig wird. Das moralische Regelwerk vergrößert sich zusehends, das Sittengesetz ist geboren. Noch ist es ein Baby und bedarf langer Zeiträume, um sich zu regelrechten Gesetzen zu formen. Zu Normen, die das Leben bestimmen.

Die Einsicht, dass sich ein Sittengesetz ohne Gottesvorstellung entwickelt hätte, ist möglich. Andrerseits gibt es die Meinung, dass von allem Anfang an eine monotheistische Gottesvorstellung existiert hätte. Wir wissen aber auch von Fetischen, Totems, Zauberern, Schamanen und Gurus. Sie gab es zu allen Zeiten.

Aber die Religionsstifter, denen sich Gott offenbarte, mussten bald feststellen, dass eine soziale Gemeinschaft das Sittengesetz kaum längere Zeit befolgte, ohne durch Sanktionen dazu verhalten zu werden. Wir kennen eine uralte Stele – eine Säule –, die Hamurabi zugeschrieben wird, auf der genau verzeichnet ist, welche Vergehen und Verbrechen durch welche Strafen gesühnt werden mussten.

Diesen sehr umfangreichen Katalog ersetzte Moses durch zehn Gebote auf zwei Tafeln, die er vom Berge Sinai herabtrug. Auf der einen, der linken, waren drei Gesetze aufgezeichnet, die sich auf eine einzige Autorität, auf den namenlosen einen Gott bezogen. Damit schuf Moses jene Autorität, mit der er hoffen konnte, das soziale Gefüge des aus Ägypten geflohen Judenvolkes zu reglementieren.

Die sieben Gesetze auf der zweiten steinernen Tafel beziehen sich alle auf das Verhalten der Menschen untereinander. Diese sieben Gesetze sind jedoch nichts anderes als das natürliche, allen Menschen innewohnende Sittengesetz, das global über die ganze Erde hin, praktisch überall von Menschen befolgt wird, die die Absicht haben, halbwegs harmonisch miteinander auszukommen.

Die Methode der großen Religionen besteht darin, dass sie dieses Sittengesetz aufs Engste mit einer dogmatisierten Gottesvorstellung verbanden. Zugleich jedoch versetzen sie die Gläubigen mitunter auch in Angst und Schrecken. Der einzige Gott wurde sowohl im Juden- wie im Christentum wie im Islam auch zum rächenden, strafenden Weltenrichter. Der Mensch wurde auf Erlösung und auf ein Leben im Jenseits verwiesen. Die Schwäche der großen Religionen besteht darin, dass sie nicht in der Lage waren und sind, das Aggressionspotenzial der mehr oder weniger Gläubigen einzudämmen. Trotz 5000 Jahren Religionsgeschichte ist es nicht gelungen, die ständige Kriegsbereitschaft und den latenten Völkermord hintanzuhalten. Ja, die Absolutheitsansprüche der Religionen schürten ebenso wie fanatische Missionen und wahnwitzige Inquisitionen das Böse in den Menschen, ja brachten es hervor. Damit ist nichts gegen die Notwendigkeit der Religionen gesagt.

In der Natur existiert weder Böses noch Gutes. Erst in der Konfrontation mit den Menschen gewinnt es Gestalt. Lange Jahrhunderte hindurch glaubten die Menschen an die Polarität von Tag und Nacht, Licht und Finsternis, Gut und Böse, der man nicht entgehen könne.

Eine der ersten Religionen der Welt, die des Zoroaster, entwarf noch ein Reich der Finsternis, das dem Reich des Lichtes entgegentrat. Ahriman kämpfte gegen Ormuz – Finsternis gegen Licht. Der Mensch war diesen Gewalten ausgesetzt. Erst der Gott Mithras ermöglichte es dadurch, dass er nicht nur persönlich als Sonnengott die Finsternis, d. h. das Böse, bekämpfte, sondern auch dadurch, dass er die Menschen aufforderte, auf seiner Seite in diesen Kampf einzugreifen, die Menschen aus ihrer Passivität zu erwecken. Ähnliches gilt auch für den Osirisglauben der Ägypter, der sich durch drei Jahrtausende bewährte. Wir nehmen also zur Kenntnis, dass die Religionsgründer, die Erleuchteten, diejenigen, die das Numinose, das Heilige, erkannten und deren Priester diese Offenbarung verwalteten, stets darauf bedacht waren, die sozialen Verhältnisse ihrer Gläubigen durch Gebote der Ethik und der Moral zu ordnen.

Im Verlauf der Geschichte jedoch erodierten sowohl die Glaubensvorstellungen wie das ethische Verhalten. Der Wettergott wurde zum allmächtigen Pankreator, der allmächtige Gott Theos später zum verborgenen Gott – zum Deus Absconditus. Dem Atheisten steht der Pantheist gegenüber. Neben dem Olymp der Götter, der Panentheist und Deus sive natura – Gott ist Natur und Natur ist Gott. Diesen Bereich überlassen die Freimaurer den Theologen.

Es scheint zugleich eine Bereicherung wie ein Unglück zu sein, dass es mehrere Religionen gibt. Man könnte der Meinung sein, dass eine einzige Weltreligion der Menschheit angemessener wäre. Es ist nicht auszumachen, ob dies ein Vorteil oder ein Nachteil wäre. Wir müssen uns damit abfinden, dass es so vielfältige religiöse Vorstellungen in der Welt gibt.

Dem steht gegenüber, dass es ein natürliches Sittengesetz gibt, das für alle Menschen gleich verpflichtend ist. Moralische Entwicklungsprozesse sind jedoch auch über lange Zeitläufe hinweg schwer festzustellen, sie vollziehen sich aber in jedem Einzelnen von uns jederzeit. In der Freimaurerei haben die Gläubigen aller Konfessionen Platz, ja je mehr sie Freimaurer werden, desto tiefer werden sie sich in ihren Glaubensvorstellungen verankern.

Ich nehme also an, dass es auch im Moralischen eine Tendenz zur Perfektion gibt. Immer dann, wenn ein gewisses, zunächst labiles Gleichgewicht erreicht ist, kommt es zu einem Rückfall, von dem aus erneut versucht wird, vollendete Harmonie zu erreichen.

Erich Kästner sagt als Freimaurer: „Es gibt nichts Gutes, außer man tut es“. Sokrates erklärt, dass eine innere Stimme, er nennt sie Daimon, ihn darauf aufmerksam mache, wenn er eine schlechte Handlung vollziehe. Wenn es ihm jedoch gelänge Gutes zu tun, so äußere sich der Daimon nicht.

Immer und überall geht es darum, das Richtige oder das Falsche zu tun, immer geht es darum, sich für das Gute, Wahre und Schöne zu entscheiden.

Eine nahezu unlösbare Frage bleibt bestehen. Wieso kommt das Böse in die Welt, warum gibt es böse Menschen, böse Taten, ja vielleicht sogar das Böse an sich? Für die Theologen und die Religionsstifter gab es da einen praktikablen Ausweg. Gott, so sagen sie, hat mit dem Bösen, dem Schlechten nichts zu tun, er ist das vollendete Gute, Wahre und Schöne.

Ein Ausweg, Gott vom Bösen freizuhalten, wäre anzunehmen, dass die Welt von einer Art Untergott oder Demiurg erschaffen worden wäre, dem Fehler unterlaufen seien, Fehler, die nicht Gott selbst zugeschrieben werden dürften. Der Mensch, der allerdings nach dem Ebenbild Gottes geschaffen sein soll, falle in Sünde, begehe das Böse, wofür er dann bestraft wird, im Diesseits oder im Jenseits. Wenn Gott jedoch besonders großzügig ist, erlöst er den sündigen Menschen (durch seinen Opfertod) oder lässt sich durch Gebete und Opfergaben bestechen.

Indem also die großen Religionen den Menschen von Haus aus als sündig erklären, ja ihn mit der Erbsünde belasten, schieben sie die Schuld am Bösen und Schlechten auf ihn. Diese Erklärung, dass das Böse auf den Menschen zurückzuführen sei, findet in uns nur allzu rasch eine verständige Aufnahme, weil wir in unserem Alltag ständig feststellen, dass wir das eine richtig, das andere falsch tun, dass wir, selbst wenn wir Gutes anstreben, bemerken, dass oft aus Gutgemeintem Falsches oder auch Böses entsteht. Im Extremfall wird das Böse im Teufel personifiziert.

Durch Erziehung und Brauchtum wird uns auch eingeprägt, dass ein sogenanntes Böses existiere. Wenn wir uns jedoch daran erinnern, dass unsere Handlungen insgesamt einen Prozess bilden, der selbst für den Einsichtigsten kaum durchschaubar ist, so wird man von der

Zuordnung Gut oder Böse Abstand nehmen. Friedrich Nietzsche schrieb einen blendenden Essay „Jenseits von Gut und Böse". Man braucht weder seinen Voraussetzungen noch seinen Folgerungen zuzustimmen, dennoch wird man der Meinung sein können, dass es auch im Moralischen zu einer Perfektion kommen kann. Der Skeptiker wird entgegnen, das Böse im Menschen ist unausrottbar, er wird darauf hinweisen, dass es zu jeder Zeit Verbrecher und Mörder gibt, die kriminelle Handlungen jeder Art begehen, bis zum unverzeihlichsten Verbrechen, dem Krieg, dem Völkermord.

Ist es möglich, unsere Theorie von der ständigen Perfektion des Menschen mit der Tatsache des Bösen in Einklang zu bringen? Das ist eine psychologische und theologische Frage, die Gelehrte seit Jahrhunderten beschäftigt. Die Theologen verteidigen Gott, der unverständlicherweise das Böse zulässt, die Philosophen fragen sich, wie in einem harmonischen System das Böse neben dem Guten existieren kann. Aber nur dann, wenn man der Meinung ist, dass die Weltschöpfung bereits vollendet ist, treten die obgenannten Zweifel auf. Stellt man sich jedoch vor, dass von allem Anfang an die Weltschöpfung ein Entwicklungsprozess ist, der längst nicht vollendet ist, sondern immer wieder ein erneuter Versuch, Harmonie (Ordnung, Kosmos) zu erreichen, dabei ständig in Gefahr ist zu scheitern und auch tatsächlich scheitert, jedoch immer wieder von Neuem beginnt diesen Perfektionsweg zu beschreiten, so ist die Existenz des Schlechten und Bösen wenn auch nicht verständlich, dennoch erklärbar. Das

Scheitern auch gut gemeinter Aktionen erklärt sich aus der ungeheuren Vielfalt menschlicher Aktivitäten, die einander ununterbrochen in die Quere kommen und aus der gutgläubigen Absicht, sich in diesem Labyrinth an einem Ariadne-Faden anhalten zu können.

Zurück zur Moral: Der zentrale Auftrag des Sittengesetzes für den Menschen lautet ganz einfach und umfasst nur drei Worte. Diese Worte hat Mahatma Gandhi von seinem Hinduvater übernommen. Sie lauten: „Tu niemandem Übles" .

Aus dieser zentralen These lassen sich alle moralischen Verhaltensweisen ableiten und sie umfassen das gesamte Sittengesetz aller zivilisierten Völker. Keine wie immer geartete religiöse Vorschrift übertrifft dieses humane Gebot.

Dieser, meiner persönlichen Auffassung werden sich naturgemäß keineswegs alle Freimaurer anschließen. Innerhalb des maurerischen Systems, das bekanntlich keine Dogmen kennt, hat jeder die Freiheit der Interpretation.

Als menschliches Lebewesen, das seit ungefähr 250.000 Jahren diese Erde bevölkert, haben wir es bisher nicht gelernt, wesentlichen Einfluss auf die Naturkatastrophen zu nehmen. Taifune, Hurrikans, Sturmfluten, Erdbeben, Vulkanausbrüche, Dürren und Überschwemmungen sind außerhalb der Reichweite des menschlichen Einflusses, wir sind ihnen ausgesetzt. In ersten Ansätzen bemühen wir uns, die Klimakatastrophe zu bekämpfen. Die Tatsache, dass Naturgewalten über die Menschen Tod, Elend und jede Art von Verwüstung bringen, rechtfertigt jedoch nicht, dass der Mensch ein Gleiches tut.

Der berüchtigte Revolutionär Saint Just hat während der Schreckensherrschaft in Frankreich die Ermordung der Opposition, die Hinrichtung mittels der Guillotine zu rechtfertigen versucht, indem er in einer berühmten Rede meinte, wenn die Natur Gewalt anwende, sei es auch dem politischen Menschen, der Veränderungen herbeiführen wolle, gestattet, ebenfalls zur Gewalt zu greifen.

Die Heerführer und Kriegsherren in der bisherigen Geschichte erfrechen sich ebenfalls, ein Gleiches zu tun, oft mit bestem Gewissen und patriotischen Gefühlen. Gulags und KZs widerlegen diese Ansicht. Solange es ein eigenständiges – höchst unvollkommenes – Regelwerk für die Kriegsführung gibt, Regeln, die sich dem normalen Sittengesetz und der Humanität entziehen, existiert eine Doppelmoral. Diese Doppelmoral jedoch wird weitgehend von den Staaten und Religionen geduldet bzw. schamlos benutzt.

Was hat dies alles mit der Freimaurerei zu tun? Sie ist eine verhältnismäßig schwache Organisation, ohne zentrale Lenkung, ohne politischen Einfluss. Und dennoch verfügt sie in ihrem Regelwerk über das Mittel, das jene Doppelmoral überwinden könnte.

Die Freimaurerei kann die Welt verändern, insofern sie ihre eigenen Grundsätze lebt.

Der Aufklärer Immanuel Kant hat uns mit dem kategorischen Imperativ den Weg gewiesen: „Handle nur nach derjenigen Maxime, durch die du zugleich wollen kannst, dass sie ein allgemeines Gesetz werde.“

Universaler Symbolismus

Wir nehmen heute an, dass der Mensch das einzige Lebewesen ist, das weiß, dass es sterben muss. Aus diesem Bewusstsein entsprang das Bedürfnis, sich dieses ewig unerklärbare Rätsel verständlich zu machen. Es war ein langer Weg, den die Menschheit durchschreiten musste, bis sie zu erkennen glaubte, der Mensch lebe im Jenseits nach seinem Tod weiter. In fast allen Kulturen finden sich Grabstellen, oder monumentale Bauten wie z. B. die Pyramiden, die ein Überleben im Jenseits gewährleisten sollten. In vielen Fällen wurden den Toten Schmuck, Werkzeuge, Nahrungsmittel etc. mitgegeben. Oft wurden Mächtige mitsamt ihren Frauen, Dienern und Pferden begraben. Der Schritt vom Erdbegräbnis zur Feuerbestattung, d. h. zur Verbrennung der organischen Teile des Menschen, bedeutet wahrscheinlich einen starken Einschnitt in der Denkweise. Das Erdbegräbnis verspricht eine Art von Überleben, Hochreligionen versprechen sogar eine Auferstehung, die Feuerbestattung vernichtet den Organismus und kann nur ein geistiges oder seelisches Überleben erwarten lassen. Alle Mythen und Religionen kreisen um diese höchst unverständliche Tatsache des Todes. Wir dürfen auch annehmen, dass dem Frühmenschen die Tötung von Tieren auf der Jagd ein berührendes Erlebnis gewesen sein muss, eine Tat, für die er sich, wie wir wissen, in sehr vielen Fällen auch entschuldigte. Selbst der „Bruch“, den der moderne Jäger dem erlegten Wild ins Maul legt, ist eine Geste der Versöhnung, die aus einem Gefühl heraus entstanden sein muss, einem Gefühl des Zusammenhanges aller Wesen in der uns umgebenden Natur. Es gibt ein schönes indisches Wort, das heißt: „Im Stein schläft die Seele, in der Pflanze träumt sie, im Tier erwacht sie, im Menschen beherrscht sie seine Handlungen“. So polar auch alle Weltereignisse erscheinen mögen, das Erlebnis von Tag und Nacht, Kälte und Hitze, Hunger, Durst und Sättigung, die Zweiteilung des Menschengeschlechtes in Mann und Frau, so gegensätzlich diese Ereignisse erscheinen müssen, letztlich auch Leben und Tod, so stark ist auch das Bedürfnis des Menschen, diese Gegensätze zu überwinden.

Ein fast mystisches Erlebnis äußert sich in der Vorstellung, dass alles mit allem verbunden sei. Auf einer berühmten ägyptischen Tafel – der Tabula smaragdina – ist der geheimnisvolle Satz zu lesen, dass „oben auch unten, unten auch oben“ sei. Das ist ein Kernsatz jener Anschauungen, die sich zu einem universellen Symbolismus entwickeln.

Ist erst die primäre Notwendigkeit des Lebensunterhaltes erfüllt, bleibt Zeit, um sich in der jeweiligen Gegenwart umzusehen. Da werden Bäume geheiligt, Steine verehrt, bestimmte Tiere als Totem dem eigenen Stamm als Stammvater zugeordnet, unterschieden zwischen Gut und Böse, schädlich oder nützlich. Es hat wohl seit grauer Urzeit die Vorstellung vorgeherrscht, dass auf eine – dem Verstand nicht klar ersichtliche – Weise alle Gegenstände, Tiere, Menschen zusammenhängen oder aufeinander bezogen werden können. Das Bedürfnis nach Einheit, zumindest einer Vorahnung von Einheit, wird sich schon sehr früh entwickelt haben. Schon in diesem Stadium früher Entwicklung stehen also (für uns unlogisch) viele Teile der Umwelt miteinander in einer oft geheimnisvollen Beziehung. Wenn Tiere, Stammväter oder Schutzgötter vom Menschen sein können, Pflanzen oder Bäume heilig, so wird ein innerer Zusammenhang des Weltganzen angenommen, in jener unbewusst ersehnten Einheit, die allein Sicherheit gewährt. Alles kann für alles zum Symbol werden. Zum Symbol für ein Weiterleben nach dem Tod, zum Symbol für Fruchtbarkeit, zum Symbol für Auferstehung, zum Glücks- oder Todessymbol. Diese, wie ich glaube, ursprüngliche Neigung des Menschen, seine Welt als Einheit zu empfinden, führt in der griechischen Klassik zum Begriff des geordneten Ganzen, zum Begriff des Kosmos. Natürlich gibt es im Zuge dieses Perfektionsstrebens gradweise Unterschiede, beginnend von Schamanimus, dem Auserwählten, der sich in Trance begibt, um Erlebnisse zu schaffen, die ihn vor seinen Stammesgenossen als Seher, Wahrsager, eventuell auch als Führer ausweisen, bis hin zu jenen Geheimgesellschaften wie den Pythagoräern, die einen Orden bildeten, um ihre Rechenkünste und ihre Lebenshaltung geheimzuhalten.

Im Verlauf von Jahrtausenden entwickelte sich unser Wissen. Unser Wissen von Welt und Umwelt. Die verschiedensten Ergebnisse werden entweder bleiben oder sie werden durch spätere Erkenntnisse überholt. Nichts aber fällt aus dem kollektiven Bewusstsein der Menschen. Heute gibt es eine Überfülle von sogenannten esoterischen Büchern, die uns eine Art Geheimwissen, das lange verschüttet war, vorgaukeln. Ich würde das als den Schutt bezeichnen, der beim Erwerb der wissenschaftlichen Fähigkeiten anfiel und sich als unnütz und unwahr erwies. Andererseits kann man dieses Urgefühl des Menschen, dass auf eine geheimnisvolle Art und Weise alles mit allem zusammenhängt, nicht leugnen und wir erkennen, dass wir nicht imstande sind, alle Ursachen und deren Folgen zu überblicken.

Die Welt als Ganzes ist ein für uns unbegreifliches Wunder und zu allen Zeiten haben sich Priester, Gelehrte, empfindende und denkende Menschen bemüht, uns diese Wunderwelt verständlicher zu machen. Zwei große Mainstreams haben sich herausgebildet. Der rational denkende Mensch versucht, in den sich ungeheuer ausbreitenden Disziplinen der Wissenschaften mittels überprüfbarer Experimente die Welt zu erklären. Er ist bis in den Atomkern und in den Zellkern vorgedrungen. Er hat die Nanowissenschaft, also die Erkenntnis der kleinsten Einheiten des Lebens und der Umwelt und deren Verhaltensweisen, erkannt und macht sie sich bald praktisch zunutze. Daneben bestehen die großen Religionen, die Welterklärungen aufgrund der ihnen zuteil gewordenen

Offenbarung anbieten, ebenso die Mystik. Im 19. Jahrhundert, als sich eine Entwicklung abzeichnete, die man Modernismusstreit nannte, stand die römische Kirche der Wissenschaft feindlich gegenüber. Dasselbe tat die Wissenschaft den Gläubigen gegenüber. Heute, wo sich Natur- und Geisteswissenschaft einander immer mehr annähern, erkennt man, dass Glauben und Wissen zur Grundausstattung des Menschen gehören.

Was nun die Freimaurerei betrifft, so lässt sie es ihren Mitgliedern vollkommen offen, nach welcher Seite hin sie ihr Hauptinteresse lenken. Auch in ihr spiegelt sich dieser doppelte Mainstream. Praktisch in jeder Loge gibt es Brüder, die mehr zur Esoterik neigen, wiederum andere, die man als Exoteriker bezeichnen kann. Hier jedoch sollte man auf eine nähere Begriffsbestimmung eingehen. Der maurerische Esoteriker befasst sich nicht nur mit dem seelischen und geistigen Leben des Menschen, sondern auch mit der Ausdeutung der maurerischen Symbole und Rituale ihrer psychologischen Bedeutung und ihrer historischen Entwicklung.

Unter maurerischen Exoterikern jedoch versteht man diejenigen Brüder, die besonderen Wert auf karitative, humanitäre und gesellschaftliche Wirksamkeit legen. Ebenso lenkt der Exoteriker seine Aufmerksamkeit auf die materiellen Bezüge der Welt.

Die wahre Loge jedoch wird ihre Mitglieder so führen und geleiten, dass sie beides sowohl als Lebens- als auch Geisteshaltung vereinen. Zu einer universellen Symbolik wird derjenige gelangen, der seiner Natur nach gerne in

Analogien denkt. Bilder, Metapher, Gleichnisse sind unter anderem das Material, das Schriftsteller, Dramatiker, Künstler benutzen. Universelle Symbole entspringen offenbar einem Urbedürfnis des Menschen und sind uns auch zur Grundlage unseres Gefühlslebens geworden.

Den Verstand – noch mehr die Vernunft – hingegen muss sich der jeweils Einzelne ziemlich mühevoll aneignen, er muss, wie Immanuel Kant sagt, sich aus der selbstverschuldeten Unmündigkeit befreien. Dieser Auftrag gilt für jeden von uns. Meiner Meinung nach befindet sich die Freimaurerei in einem Stadium der zweiten Aufklärung, in der es nicht nur darum geht, Verstand und Vernunft, sondern auch „emotional intellegence", soziales Verständnis und karitative Aktivitäten anzuwenden.

Einwände gegen die Freimaurerei

Fast jede soziale Gruppierung hat Feinde, zumindest Gegner.

Nicht nur die Kirche war Gegner der Freimaurerei, weil diese ihre feudalen Strukturen bekämpfte, die Nationalsozialisten wie die Faschisten ebenso wie die Kommunisten verfolgten die Freimaurer, weil sie gegen Rassenwahn und gegen Klassenkampf auftreten.

Die Gegner der Freimaurerei bekritteln die Tatsache, dass sie als geheimer Männerbund undurchsichtige politische Machenschaften oder auch nicht verantwortbare Geschäftsmaurerei betrieben. Das war zweifellos das eine oder andere Mal in der jahrhundertealten Geschichte der Freimaurerei der Fall. Und auch heute gibt es Bereiche innerhalb der Freimaurerei, die meiner Meinung nach einer wirklichen Verbesserung bedürfen; so z. B. war es lange Zeit üblich, dass afro-amerikanische Staatsbürger nur in der Prince-Hall-Freimaurerei aufgenommen werden konnten, da die stark christlich beeinflussten amerikanischen Großlogen sich geweigert haben, Farbige in ihre

Logen aufzunehmen. Nun scheint es der Fall zu sein, dass diese Diskriminierung langsam aufgehoben wird.

Es ist auch für die Freimaurerei eine sehr schmerzhafte Erfahrung, dass sich in den verschiedenen Nationen und Kulturen Einflüsse bemerkbar machen, die von den strikt humanitären Maurern abgelehnt werden, z. B. übertriebener Traditionalismus.

Vordergründige Einwände sind z. B. Anschuldigungen, dass sich die Freimaurer im Geheimen treffen, sich verstecken. Oder die Frage, was sie als ihre „Arbeit“ bezeichnen. Manche von denen, die dem Bund nicht angehörten oder in ihn nicht aufgenommen wurden, versuchten ihn zu verleumden.

Weiters beanstanden seine Gegner die Tatsache, dass die Freimaurer ihre Mitglieder in einem speziellen Auswahlverfahren aussuchen und es anscheinend nicht jedermann möglich ist, Freimaurer zu werden. Der Vorwurf geheimer Machenschaften ist unsinnig, die Freimaurer beschäftigen sich mit ihrer Selbsterziehung, schon die „Alten Pflichten“ im ältesten Konstitutionsbuch der englischen Großloge, verbieten Tagespolitik und Religionsstreitigkeiten.

Sicher wird es unter brüderlichen Freunden vielfältige Beziehungen, auch geschäftlicher Natur geben. Die Geschäftsmaurerei, d. h. die bedenkenlose Bevorzugung, wird durch Ausschluss aus dem Bund geahndet.

Frauen beanstanden, dass die regulären Großlogen keine weiblichen Mitglieder erlauben. Dazu ist zu sagen, die Aufgabe, der sich die Männer stellen, die der Selbsterziehung, wäre durch die Anwesenheit von Frauen sehr erschwert.

Zurzeit bestehen aber, unabhängig von den regulären Obödienzen, fast überall auf allen Kontinenten auch Frauenlogen, die sich im Rahmen der Emanzipation der Frau als nützlich erweisen. Sie stärken die Solidarität unter den Frauen.

Ein weiterer Einwand gegen die Maurerei besteht darin, dass sie angeblich geheime Obere besitze, die eine Art Weltregierung beabsichtigten. Der Irrtum entsteht vielleicht dadurch, dass das Leitungsgremium des schottischen Ritus einen sogenannten „Obersten Rat" kennt, dessen Zuständigkeit sich jedoch nur auf die eigene Obödienz erstreckt. Zusammenfassend kann gesagt werden, dass die Großlogen, die sich über den westlichen Teil des Globus erstrecken, durchaus nicht einheitlich gegliedert sind.

Ich persönlich bin der Meinung, dass es auch nicht notwendig ist, einer Gleichmacherei aller Großlogen das Wort zu reden oder eine solche globale Einheit herbeizuführen. Auch hier gilt der Grundsatz der Toleranz und diesmal auch innerhalb der Großlogen selbst. Eine weitgehende Zusammenarbeit der europäischen Großlogen, die Formierung einer Art Plattform, ist derzeit im Gang und stärkt die brüderliche Verbindung auch mit den neuen Großlogen und Logen in Osteuropa.

Die Gegner der Maurerei führen als weiteres Argument ins Treffen, dass sich die Mitglieder der Logen als Elite empfänden. Diesen Eindruck erweckt die Freimaurerei zweifellos für den Außenstehenden und stellt auch ein gewisses Problem dar.

Schwerwiegender ist nämlich der Vorwurf, dass auf dem europäischen Kontinent in den meisten Fällen nur Mitglieder aus der Mittelschicht und den oberen Gesellschaftsklassen rekrutiert werden, dass Handwerker und Arbeiter und verbal weniger „Gebildete“ im Bunde nicht anzutreffen wären. Dieser Einwand ist berechtigt und wird von vielen Freimaurern selbst geäußert. Es ist immerhin bemerkenswert, dass eine Vereinigung, die ursprünglich nur aus Handwerkern gebildet war, eben diese Handwerker im Lauf der Zeit weitgehend verloren hat. In den meisten europäischen Logen ist die Majorität der Brüder so zusammengesetzt, dass sie ungefähr einen vergleichbaren Bildungsstand besitzt und sich vor allem auch verbal auszudrücken vermag.

Der Kern der Logenarbeit besteht im Dialog, im Austausch der Meinungen, in der Vertiefung des Wissens und im Erreichen eines nach oben offenen Reifegrades, der endlich in einer lebensnahen Weisheit enden sollte. Ob es in Zukunft gelingen mag, neue Schichten für die Freimaurerei zu gewinnen, muss im Augenblick dahingestellt sein, ist aber zu hoffen. Das Faktum, dass sich die Klasse der traditionellen Arbeiterschaft immer mehr auflöst, die Bildungsmöglichkeiten, unabhängig von sozialem Stand, jedermann offen stehen, mag zur berechtigten Hoffung Anlass geben, dass weitere Gesellschaftsschichten den Zugang zur Freimaurerei finden werden.

Freimaurerei und Politik am Beispiel Österreichs

Die seit dem 17. Jahrhundert bestehenden Logen enthielten sich in Großbritannien der Einmischung in Politik und Religion. Nur unter dieser Bedingung gelang es ihnen, Männer verschiedenster Herkunft zu einer Art Clubleben zu vereinigen. Als jedoch ab 1717 die Maurerei auf ganz Europa übergriff, wurden zwar diese Grundsätze weiter aufrechterhalten, tatsächlich aber errangen die Logen eine eminente politische Bedeutung, die ich anhand des Kaiserstaates Österreich skizzieren will.

Die Logen des 18. Jahrhunderts unterscheiden sich von allen früheren Sozietäten dadurch, dass sie erstmals demokratisch bestimmte Freiräume innerhalb der feudalen Gesellschaft darstellen, die von Staat und Kirche nicht oder nur schwer kontrolliert werden konnten. Das aufstrebende Bürgertum und der progressive Teil des Adels formierten eine zugleich sittliche wie intellektuelle Elite, deren einzelne Mitglieder die sozialen und politischen Reformen in Mitteleuropa nicht nur entworfen haben, sondern auch durchführten.

Die Tätigkeit der Freimaurer war derart fruchtbar, dass sie dem Kaiserstaat, seinen Erb- und Kronländern, die Revolution, die in Frankreich notwendig anstand, ersparten. War nun aus maurerischer Sicht die josephinische Reform, die zu einem beträchtlichen Ausmaße von Freimaurern durchgeführt worden ist, ein Glück oder Unglück für die Freimaurerei? Das Engagement der Freimaurer an der etwas überstürzten kaiserlichen Reform, die ein Jahrzehnt darauf zurückgenommen werden musste, brachte sie in persönliche Gefahr, die Regierung schlug wieder einen autoritären Kurs ein, das Opfer waren die Brüder, deren Logen aufgelassen wurden.

Rechtfertigte die ersparte Revolution das Ende der Freimaurerei in Österreich? Die bürgerliche demokratische Neuordnung der Gesellschaft wurde im 19. Jahrhundert nach den verunglückten Aufständen von 1848 erst 1867 erreicht und auch dann erst in einer zumindest für die Brüder Freimaurer nicht akzeptablen Form. Erst der Zusammenbruch des Habsburgerreiches ermöglichte eine freie Entfaltung des Logenlebens.

Die josephinische Reform machte den Kaiserstaat zu einem modernen Staat in der Verwaltung, dem Strafrecht, der Religionsfreiheit, den Wissenschaften und Künsten, sie brachte weitgehend soziale Erleichterungen, Aufhebung der privaten Gerichte, Gleichheit vor dem Gesetz, erste wichtige Ansätze zur Bauernbefreiung. So erfüllte sie die Ideen des philosophischen Jahrhunderts, die, zuerst in den Logen erörtert und bekannt gemacht, in die Realität der Politik einflossen.

Kulturell bestimmten nicht wenige Freimaurer das Klima in Wien und den großen Städten des Reiches. In einer außenpolitischen Frage enttäuschten Freimaurer als Illuminaten. Joseph II. und Leopold II. überschätzten deren Einfluss beim projektierten Tausch Belgiens gegen Bayern. Mit der Zurücknahme der Reformgesetze, die ja zum großen Teil leider erfolgte, treten Kirche und Hochadel wieder in ihre traditionellen, danach der kontrollierende Polizeistaat in seine angemaßten Rechte. Fazit war, dass die Reaktion herrschte. Der maurerische Einfluss auf die Politik schwand zur Gänze, die Toleranz und Humanität der Logen fand zwar in etwa einen späten Nachhall in der Kultur des Biedermeiers, ihr revolutionärer Aktivismus verkörperte sich – weil gegenüber der militärischen Gewalt machtlos – nur 1848 in der Gründung einer einzigen, nur kurz bestehenden Loge, die den Namen „Zum heiligen Joseph" trug. Politisch war die Freimaurerei gescheitert.

Das erwies sich als wahrhaftes Unglück. Die bürgerliche Gesellschaft verlor damit eine bedeutende geistige Leitlinie und war nicht in der Lage, eine moderne humanitäre und tolerante Gesellschaft aufzubauen. Die ursprünglich liberalen Ideen des Bürgertums sanken sehr bald ab in das Labyrinth nationaler und ethnischer Parteien und bereiteten somit, und das praktisch in ganz Europa, nicht nur die Basis für die Nationalstaaten, sondern auch für Nationalitätenstreit.

Die Freimaurerei befand sich in folgender Situation:

In einem Rückzugsgefecht, in dem sie die Werte der

Humanität und Toleranz verteidigte und in einer Art sozialem Laboratorium, in dem sie ihre gesellschaftlichen Ideen in kleinem Maßstab realisierte.

Höchst paradox war die Situation in Österreich-Ungarn: Der Kaiser von Österreich gewährte zwar 1867 ein Staatsgrundgesetz, in dem für alle Staatsbürger Vereinsfreiheit gewährleistet wurde, aber nur mit der Einschränkung, dass ein Vertreter der Behörden der Vereinsversammlung beiwohnen darf. Das konnten die Freimaurer im Hinblick auf ihre rituellen Arbeiten nicht akzeptieren.

Derselbe Kaiser Franz Joseph konnte jedoch als König von Ungarn nicht verhindern, dass sich in Budapest eine ungarische Großloge etablierte, da das dortige Vereinsgesetz wesentlich liberaler formuliert war. Die Freimaurer aus Wien schufen daher in Österreich Wohltätigkeitsvereine und arbeiteten in den nahegelegenen ungarischen Orten Neudörfl, Ödenburg und Pressburg rituell als Freimaurer.

Der politische Einfluss dieser sogenannten Grenzlogen, die von 1867 bis 1918 bestanden, ist schwer zu definieren. Der moderierende Einfluss, den die Logen auf Mitglieder des liberalen Großbürgertums in der Monarchie ausübten, hat meines Wissens kein Pendant im konkreten politischen Raum. Dem politischen Liberalismus war in der inneren Geschichte der Monarchie nur eine sehr kurze Epoche vergönnt.

Die antiklerikale Tendenz der Logen, ein Erbe aus dem Josephinismus, die durch die anhaltende Repression der Kirchenmacht weiter provoziert und lebendig gehalten wurde, hielt mit der steigenden Bedeutung der positiven Wissenschaften, der modernen Geschichtswissenschaft, der Naturwissenschaften und der Technik an. Sozialpolitisch hatten fast alle Grenzlogen eine enorme Strahlkraft. Von ihnen wurden Modelle einer neuartigen, konkreten Fürsorge entwickelt, im geistigen und materiellem Raum, Modelle, die dann, nach dem Ersten Weltkrieg, von der Stadt Wien aufgenommen werden, kleine Modelle die dann im Großen verwirklicht werden. Den Grenzlogen kann man daher wohl eine zukunftsorientierte maurerische „Politik" attestieren. Eine maurerische Verhaltensweise, die in ihrer Gegenwart, wie in der darauf folgenden Epoche fruchtbar gewesen ist, so z. B. auf sozialpolitischem Feld (Wöchnerinnenhilfe, Kinderheime, Volksbildungseinrichtungen).

Die Großloge von Wien, die mehrheitlich jüdische Mitbürger in ihren Kolonnen zählte, war dem Schuschnigg-Regime der Kontrolle wert und auch zuletzt einer Bitte um Geld, um Hilfsmittel zum Kampf gegen den übermächtigen Nationalsozialismus. Der Naziterror zerschlug die Großloge.

Erwähnt muss werden, dass die Großloge von Wien sich öffentlich zur Erhaltung des Weltfriedens bekannte und dies auch international manifestierte.

Aus der Geschichte lernen, das ist eine Forderung, die die Freimaurer auch an sich stellen. Hat also die österreichische Freimaurerei gute Erfahrungen gemacht, sobald sie sich in der Vergangenheit in die Politik einbeziehen ließ? Ermutigen sie diese Erfahrungen, in Zukunft etwa gar „politisch" zu wirken? Politik für den Tag und zum Tage zu machen?

Das Prinzip der Maurerei ist es bis heute, keinen Konsens ihrer Mitglieder in politicis anzustreben und zu fördern. Jeder, der nicht in unverantwortbare Extreme verfällt, entfalte sich frei.

Die einzige vertretbare und die beste Politik der Freimaurerei ist es, humane und tolerante Männer (bzw. Frauen in den Frauenlogen) zu versammeln und sie in dieser Haltung zu bestärken. Die zukünftigen Weltereignisse, die künftige politische Landschaft in Europa wie in Österreich braucht solche Menschen. Menschen, die Eigenschaften besitzen und entwickeln, die das friedliche Zusammenleben, ja das friedliche Überleben unseres Volkes, unserer Gesellschaft garantieren. Dieser Teil der Bevölkerung, der nie groß genug sein kann, muss in Zukunft vermehrt angesprochen werden. Die Maurerei verwaltet einen Schatz an humanen Verhaltensweisen, an uneigennütziger Qualität, der in jeder demokratischen Gruppierung, sei es nun Partei oder Institution, am Platze ist oder am Platz sein sollte.

Die Aufgaben der Freimaurer haben sich seit ihrem Bestehen vervielfacht, und das nicht in arithmetischer Reihe, sondern in einer geometrischen Progression.

Es gibt keinen Feudalismus mehr, gegen den man sich zur Wehr setzen müsste, es gibt keinen Klerikalismus mehr, der ernst zu nehmen ist, es gibt keine mit Macht ausgestatteten Faschisten.

Die politische Landschaft, in der wir existieren, ist

überaus vielschichtig und zum Teil entideologisiert. Aber immer noch gibt es das Gespenst des Nationalismus – signifikant im Aufflammen des Ausländerhasses. Immer noch gibt es materielles und geistiges Elend, immer noch gibt es Kriege. Gegen diese Phänomene setzen die Freimaurer das Ziel der Selbsterziehung, der Ablehnung der immer noch wirkenden Ismen.

Es gibt zwar unter den Freimaurern Brüder, die sich eine größere Aktivität im politischen Raum vorstellen können. Sie stellen aber nur eine Minderheit dar.

Die Freimaurer waren in der Lage, soziale Modelle aufzustellen und auszuprobieren. Sie waren in der Lage, freie Männer zu Humanität und Toleranz zu erziehen. Sie scheiterten jedoch an der Gewalt des Faschismus, des Nationalsozialismus, des Kommunismus. Die Freimaurer sind jedoch nach wie vor in der Lage, Modelle zu entwickeln: in Fragen der Erziehung, des Sozialen, der Minoritäten, der grenzüberschreitenden Toleranz. Nicht als eine Partei neben anderen, nicht als ein Denkklub neben anderen, sondern als eine humanitär denkende und tätige Gemeinschaft.

Im 21. Jahrhundert geht es für Freimaurer nicht darum, Politik zu machen, sondern dass Politiker sich wie Freimaurer verhalten. Die Zeit Kriege zu führen und Großmachtpolitik zu betreiben ist zu Ende. Diejenigen Werte, die in den Logen eingeübt werden, sollten heute zu den entscheidenden Eigenschaften unserer Politiker und Diplomaten gehören. Kein Aufbauen von Feindbildern, keine militärische oder politische Machtpolitik führen zu einer Befriedung, weder im regionalen noch im globalen Bereich. Im Gegner den Feind zu sehen ist nicht nur nutzlos, es kostet auch immense Summen an Geld und führt zu sinnlosem Blutvergießen. Der brüderliche Dialog, das Verstehen des Anderen und Nächsten, Toleranz gegenüber dem Schwächeren und Humanität allen gegenüber, das sind Aufgabengebiete und Ziele, die modernen Politikern entsprechen. Solche Eigenschaften sind in der Freimaurerei zu erwerben.

Wir müssen alle Hoffnung darauf setzen, dass die amerikanischen Freimaurer in dieser Bemühung um den Weltfrieden mehr und mehr Einfluss gewinnen, da sie zahlenmäßig die größte Freimaurerorganisation darstellen.

Die Taten der Freimaurer

In seinem bekannten Dialog „Ernst und Falk" meint Gotthold E. Lessing in einer überaus eleganten Wendung, dass es das eigentliche Ziel der Freimaurerei sei, dass ihre Taten nicht mehr notwendig sein würden.

Was meint er damit? Jeder, der sich mit Geschichte etwas näher befasst, wird bemerken, dass drei Haupterscheinungen sehr bald festzustellen sind, nämlich Tradition, Evolution, Revolution. Nun sind diese sozialen Formen der Gesellschaft durchaus nicht so streng begrifflich unterschieden, wie eben genannt. Tradition und Evolution können durchaus Hand in Hand gehen und sogenannte Revolutionen müssen nicht immer auffällig vor sich gehen. Ich meine, dass alle Taten der Freimaurerei in diesen drei Hauptströmungen unserer menschheitlichen Geschichte zu finden sind und es im 21. Jahrhundert praktisch unmöglich geworden ist, die unzähligen, vielfältigen, oft verborgenen Taten und Ergebnisse der Freimaurer umfassend darzustellen, unter anderem auch deshalb, weil es bei der Fülle aller historischen Taten heute unmöglich geworden ist, eine Universalgeschichte sowohl zu konzipieren als auch zu schreiben. So ist es auch unmöglich, die zahllosen karitativen, künstlerischen, wissenschaftlichen, sozialen Taten von Freimaurern anzuführen.

Ich werde mich daher auf ganz wenige markante Beispiele maurerischer Tätigkeit, die weltgeschichtlich bekannt sind, beschränken. Zuvor aber noch eine Bemerkung:

Die Geschichte der Freimaurerei ist eigentlich eine Geschichte ihrer Mitglieder, also eine Personalgeschichte, und erforderte in Wahrheit einige Millionen Biographien, da nicht die Logen und Großlogen Geschichte machten, sondern ihre jeweiligen Mitglieder in allen Ländern und Weltteilen. Das ist dann verständlich, wenn man zur Kenntnis nimmt (was die Gegner der Freimaurerei nicht wahrhaben wollen), dass es die Wirkung von einzelnen Persönlichkeiten ist, viel weniger die der Institutionen, d. h. der Obödienzen der Logen und Großlogen.

Vom entscheidenden Wendepunkt in der Geschichte der Menschheit, der Erklärung der Menschenrechte, kann nicht nachdrücklich genug gesprochen werden. Man stelle sich Folgendes vor: In Europa tobt der Siebenjährige Krieg zwischen Österreich und Preußen, Friedrich II., der Maria Theresia bereits Schlesien abgenommen hat, versucht einen entscheidenden Schlag gegen die Habsburger Monarchin. Zur gleichen Zeit geht auf dem amerikanischen Kontinent etwas ganz Entscheidendes vor sich:

Die englischen Kolonien in Nordamerika empören sich gegen ihr Mutterland und bilden die ersten 13 Staaten, die ersten Mitgliedsstaaten der USA. Und während in allen Ländern und Reichen des gesamten Erdballs Könige und

Fürsten, Kaiser und Herrscher über ständisch gegliederte, leibeigene und hörige Menschen despotische Macht ausüben und jeder einzelne Mensch seinen ihm von Geburt zugewiesenen Platz bis an sein Lebensende einnehmen muss, geschieht ein wahres Wunder neuer Menschwerdung in Nordamerika.

In einem Dokument, das mehrheitlich von Freimaurern unterschrieben wird, wird zum ersten Mal in der Menschheitsgeschichte festgestellt, dass jeder Mensch frei geboren, daher frei zu sein hat, dass jeder Anspruch auf Glück und seine eigene Würde besitzt. Somit wird durch diese Unabhängigkeitserklärung eine Entwicklung angebahnt, die von den Franzosen 15 Jahre später in ihrer Erklärung der Menschenrechte bekräftigt, bestätigt und wiederholt wird. Auch hier sind es, in jener positiven Phase der großen Revolution, die erst von der Schreckensherrschaft eines Robespierre abgelöst wird, Freimaurer wie Mirabeau, die entscheidende politische Aktionen setzen.

Im 18. Jahrhundert verbreitet sich die Freimaurerei in Europa und Amerika, im 19. Jahrhundert in Indien, Afrika und Australien. Die kontinentaleuropäische Tradition verbreitet das Licht der Aufklärung, die angelsächsisch-amerikanische vermittelt in ihren Systemen auch eine stark religiöse Lebenshaltung.

Die Taten der Freimaurer sind zunächst auf ihren Lebensumkreis beschränkt, werden jedoch durch einzelne Persönlichkeiten zu historischen, wie z. B. im josephinischen Zeitalter in Österreich, wo Initiativen von Freimaurern ihren Niederschlag fanden, darunter die

Gründung des allgemeinen Krankenhauses in Wien, die Gründung des botanischen Gartens in Wien, die Festsetzung eines modernen Strafgesetzbuches durch Beccaria (Mailand), das Toleranzpatent für Protestanten, das Toleranzpatent für Juden, das Toleranzpatent für Freimaurer, die Pressfreiheit, die Aufhebung der Grundherrschaften, die Revision und Erneuerung aller Gesetze, die Reform der Klöster durch Aufhebung der meditativen Klostergemeinschaften und Errichtung von Pfarrsprengeln, die religiöse Betreuung aller Volksschichten, Einschränkung sinnloser, traditioneller Ausgaben bei Begräbnissen, Maßnahmen zur Volkshygiene (Friedhöfe an den Stadtrand verlegt).

Diese josephinischen Gesetze konnten nur in einer Gesellschaft entwickelt werden, die vom Geist der Aufklärung, d. h. durch die Tätigkeit der Freimaurer, auf das stärkste beeinflusst war.

In den europäischen Bauhütten wurden Vorformen der Demokratie ausgeübt und die bürgerliche Kultur des 19. Jahrhunderts entwickelte in den Logen quasi wie in Laboratorien jene Tugenden, die sie in ihrer besten Zeit auszeichneten. Die besten Köpfe, Politiker, Künstler, Ärzte, Wissenschaftler, Musiker treten diesen Logen bei.

Der italienische Staat, der seine nördlichen und südlichen Provinzen den Fremdmächten entriss, der den Kirchenstaat besetzte und die Päpste auf den Vatikan zurückdrängte, wurde gleichsam in einer Zangenbewegung vom Norden und Süden durch Freimaurer gegründet, die einerseits von Garibaldi, dem Revolutionär, andrerseits von

Cavour, dem Hofminister Savoyens, angeführt wurde. Die Neugründung Italiens ist also weitgehend auch eine freimaurerische Aktion. Aber auch hier muss festgestellt werden, dass es nicht die Organisation der Großloge und der Logen war, sondern eine Aktion einzelner Mitglieder. Dies scheint dem Nichtmaurer kaum als entscheidende Differenzierung, ist es aber in einem sehr bedeutsamen Sinne.

Nach dem Ersten Weltkrieg waren es Freimaurer wie der Deutsche Stresemann und der Franzose Briand, die zum ersten Mal versuchten, die „Erbfeindschaft" zwischen beiden Völkern zu beenden und so das vorauszuplanen, was 1947 mit der Gründung der Montanunion fortgesetzt wurde und in der Europäischen Union mündete.

Eine weitere Vorwegnahme der modernen Europaidee war die Paneuropabewegung, die der Freimaurer Coudenhove-Kalerghi inaugurierte. Überblickt man die Hauptprinzipien der letzten drei Jahrhunderte, so wird die Handschrift von Freimaurern sehr deutlich. Da jede Medaille aber zwei Seiten hat, darf nicht unerwähnt bleiben, dass jener amerikanische Präsident, der den Befehl zum zweimaligen Abwurf von Atombomben gab, Harry Truman, auch Freimaurer war. Es steht zur Debatte, ob diese Aktion, die den Zweiten Weltkrieg beendete, wirklich notwendig war und ob sie einem Freimaurer anstand. Die Taten der Freimaurer sind aber weder geheimnisvoll noch unbedeutend. Es ist daher festzustellen, dass wir es zumeist mit zweierlei Arten von „Taten" zutun haben. Einerseits ist es die ethisch, moralische Selbsterziehung innerhalb der Logen, andrerseits ist es das jeweilige Arbeitsgebiet und Betätigungsfeld, die Lebensaufgabe der Freimaurer Brüder, die in ihrer Arbeitswelt aktiv sind.

In Südamerika, das durch den Spruch des Papstes Alexander VI. zu Beginn der Neuzeit in einen spanischen und einen portugiesischen Teil getrennt wurde, fand die Aufklärung im 19. Jahrhundert durch hervorragende Freimaurer statt: Simon Bolivar war der Befreier Südamerikas von den iberischen Königreichen, er war der Schöpfer und Eroberer jener Staaten, die heute den Norden Südamerikas darstellen.

Wie der Einsichtige bemerkt hat, wurden bisher nur die äußeren historischen und politischen Ereignisse erwähnt, in denen Freimaurer aktiv geworden sind. Der Bereich der Wissenschaft, der Kunst, der Literatur und der Musik wurde jedoch überhaupt noch nicht berührt. Und doch sind die Arbeitsergebnisse derjenigen Männer, die sich in diesen Bereichen hervorgetan haben, nicht nur wichtiger und nachhaltiger als jene politischen, sie entsprechen auch in einer viel bedeutsameren Weise dem Ethos des Freimaurers und gehören daher zu den bemerkenswertesten Taten der Freimaurerei. Wie verschiedenartig die Persönlichkeiten waren, zeigt folgende Aufzählung, die wahllos aus der Fülle der Maurer herausgegriffen wurde: Johann Wolfgang von Goethe, Voltaire, Alexander Fleming, Giacomo Puccini, Johann Gottlieb Fichte, Wolfgang Amadeus Mozart, Jean Sibelius, Freiherr von Knigge, George Washington, Thomas Jefferson, Garibaldi, Josef Tandler, Ferdinand Hanusch und viele mehr. Es sind diese bedeutenden Persönlichkeiten, die die Freimaurerei zu einem Vehikel geistiger Tätigkeit gemacht haben.

Der Bereich der „Wohltätigkeit“ reicht von der Betreuung der Ärmsten, der Witwen der Waisen bis zu Katastrophenhilfen. In unseren modernen Sozialstaaten ist diese Aktivität allerdings im Grunde nur von geringer Bedeutung. Sehr viel bedeutsamer ist aber etwa jene unglaublich wichtige Aktion des Marshallplanes, der vom amerikanischen Freimaurer Marshall gestartet wurde und dem „Morgenthau-Plan“ diametral entgegenstand und den Wiederaufbau Europas nach dem Zweiten Weltkrieg ermöglicht hat.

Um auf Lessing zurückzukommen: Lessing erträumt eine Gesellschaft, in der die Taten der Freimaurer unnötig wären, d. h. nicht mehr notwendig, er träumte also von einer gerechten Gesellschaft. Zugleich meinte er jedoch: Gäbe es die Freimaurerei nicht, so müsste sie erfunden werden. Und er weiß, dass seit Anbeginn der Menschheit eben nicht nur Machtgier, Neid, Besitzgier in den Menschen aufwachsen, sondern zugleich auch eine große Sehnsucht nach Frieden, Gerechtigkeit, Harmonie im Herzen eines jeden Menschen begründet ist.

Synkretismus als Vorzug

Um dem geistigen Inhalt der Freimaurerei näherzukommen bzw. ihn zu beschreiben, muss man sich klar werden, dass die Freimaurerei keine philosophische Schule, keine Sekte und keine Religion ist. Ihr Lehrgebäude ist keineswegs in sich geschlossen, stellt keine Philosophie dar, sondern ist ein durchaus offenes System, das vielfältige Wurzeln hat, die wir im Folgenden näher bezeichnen wollen:

Das wohl älteste Menschheitsmotiv, das in der Freimaurerei verwendet wird, ist der Lichtkult. Der Gegensatz zwischen Licht und Finsternis, Tag und Nacht, Erhellung und Verdüsterung ist ein Urerlebnis des Menschen und bildet eine Grundlage der maurerischen Symbolik. Um das Licht zu seiner vollen Entfaltung gelangen zu lassen, muss es in seinem Gegensatz – der Dunkelheit – entzündet werden. Die Maurer verwenden Kerzen, um die Lichtsymbolik eindrucksvoll Gestalt werden zu lassen. Das Licht selbst, das ja in den ältesten Kulten schon Verwendung fand, hat in den Logen naturgemäß eine eigene Entwicklung genommen. Da alles Licht in unserem Universum von der Sonne kommt, treten als weitere Symbole die auffälligsten Gestirne, Sonne Mond und Stern als Logensymbol auf. Bemerkenswert ist, dass der fünfzackige Stern kein Symbol für einen Himmelskörper ist, sondern in seiner maurerischen Form den Menschen selbst darstellt. Die Einhausung des Maurers in das kosmische Universum ist dadurch angedeutet. Nach dem Lichtkult ist eine weitere Quelle maurerischer Geisteshaltung in den Mysterien der Antike zu suchen. Das Wort Mysterium bedeutet so viel wie Geheimnis und Rätsel. Die Mysterien wurden bereits in Griechenland in vorklassischer und klassischer Zeit zum Zentrum geheimer Einweihung. Die bedeutendsten Mysterienbünde waren die von Eleusis und Samotrake.

In einer Zeit, die nur mehr bedingt dem Götterhimmel des Olymps Glauben schenkte, boten die Mysterien ihren Besuchern (Adepten, Neophyten) in unterirdischen Gängen und Hallen Bilder an, die in ihnen Hoffnung auf ein ewiges Leben erweckten. Sie wurden dadurch in ihrer Lebenszuversicht gestärkt.

Bemerkenswert ist, dass die in den Mysterien verehrten Gottheiten zumeist Frauen waren und die Geschenke, die der Myste am Ende seiner unterirdischen Reise erhielt, waren in Eleusis z. B. eine Kornähre und die Nachbildung einer Vulva, womit die Wiedergeburt des Eingeweihten bestätigt wurde. Die Mysten hatten in diesem unterirdischen Bereich auf verschlungenen Wegen wiederholt Wanderungen durchzuführen. Oft waren ihnen die Augen verbunden, dann wieder hatten sie Gefahren zu bestehen, etwa Wasser- oder Feuerproben, wie sie auch in Mozarts Zauberflöte am Liebespaar Tamino und Pamina vollzogen werden. Der entscheidende Punkt war es, dem verunsicherten Mysten das Erlebnis der Erneuerung, einer zweiten Geburt in ein Reich der Sicherheit und der Dauer zu verheißen.

Auch in den Logen gibt es Wanderungen. Die großen Bücher der Offenbarungsreligionen wie die Bibel, der Koran, die Reden Buddhas, die Veden finden je nach Kulturkreis, in dem eine Loge arbeitet, ihren besonderen Platz.

Das soll darauf hinweisen, dass die Maurer die geheiligten Traditionen der Weltbevölkerung hochachten und ihren wahren Wert zu würdigen wissen. Es bedeutet nicht, dass der einzelne Freimaurer an diese heiligen Schriften in einer autoritären Weise doktrinär gebunden sein muss. Es steht jedem Freimaurer frei, welchem Glauben er anhängt. Somit sind wir bei der bedeutsamen Frage der Gottesvorstellung angelangt. In den Logen der Neuzeit, besonders in jenen, die von der Großloge von England anerkannt sind, wird verpflichtend der Große Baumeister aller Welten angesprochen. Zugleich wird dem Aufgenommenen versichert, dass es sich bei diesem Ausdruck um ein Symbol handelt, und dass er vollkommen frei ist in der Vorstellung, die er sich von Gott macht.

Die Loge fordert daher nicht mehr und nicht weniger als ein religiöses Gefühl und setzt dieses Gefühlserlebnis gleichwertig neben die Forderung des Vernunftgebrauches. Die Logen, die die Aufklärung, das Enlightenment, als ihre Basis betrachten, sind sich jedoch gleichermaßen bewusst, dass Seele und Geist und eine offene Gottesvorstellung zum Weltbild des Maurers gehören. Weitere konstitutive Merkmale einer maurerischen Geisteshaltung gehen auf griechische Philosophen zurück: auf die Sittenlehre des Aristoteles, die Wahrheitssuche eines Sokrates und auf zentrale Vorstellungen Platons, besonders auf dessen Definition des Guten, Wahren und Schönen.

Der Maurer wird aufgefordert, sich auf den Weg der Selbsterkenntnis, Selbstbeherrschung und Selbstveredelung zu begeben, ein Weg, der zur Perfektion herausfordert und der sowohl sein maurerisches wie sein profanes Leben gestalten soll. In diesem Perfektionsprozess herrscht die Forderung, sich mit allen Gebieten des Wissens, der Kunst, der sozialen und ökonomischen Gegebenheiten, also der Ökonomie und Gesellschaftsentwicklung, auseinanderzusetzen mit dem Ziel, das eigene Leben bestmöglich zu gestalten, als auch in höchst positiver Weise auf seine Umwelt einzuwirken.

Aus dem Bereich der Dombauhütten und der dort arbeitenden Steinmetze übernahmen die Logenbrüder deren Handwerkszeug, das sie nun nicht mehr operativ gebrauchten, sondern symbolisch auf ihre ethische Bedeutung hin ansprachen. So finden wir in den Logen Granitwürfel, Spitzhacken, Zollstab, Senkblei, Wasserwaage, Zirkel und Winkelmaß, allesamt Arbeitsgeräte jener Steinmetze, die unsere gotischen Dome erbaut haben. Der nicht mehr operative, sondern symbolische Maurer ist der Ansicht, dass ihm diese Geräte dazu dienen sollen, ein ganz andersartiges Gebäude, nämlich das des „Tempels der allgemeinen Menschenliebe" zu bauen.

Somit finden sich im Raum eines Freimaurertempels die Hauptprinzipien einer ethischen Erziehung bis zu jenem höchsten Gebot der Nächstenliebe. Im Kapitel „Thesaurus Mundi" haben wir darauf hingewiesen, dass die naturhafte Ethik des Menschengeschlechts im Verlauf von Jahrtausenden Normen herausgebildet hat, mit deren Hilfe es sein eigenes Fehlerverhalten zu bekämpfen versucht. In einer Loge ist quasi wie in einem Museum die Genealogie menschlicher Ethik dokumentiert und fordert zu einem gerechten und möglichst vollkommenen Leben auf. Zugleich – und das ist der Vorteil, den diese offene Konstruktion bietet – ist es nicht bloß ein nach rückwärts gewandtes Museum, sondern auch eine der Zukunft gewidmete Arbeitsstätte.

Freimaurerische Tugenden

Im Folgenden soll auf die wesentlichen maurerischen Verhaltensweisen und Tugenden hingewiesen werden.

Den Aufbau seiner maurerischen Persönlichkeit bewerkstelligt schon der Lehrling durch die intensive Beschäftigung mit einem psychischen Vorgang, dem der **Selbsterkenntnis**. Das bedeutet, er versucht festzustellen, wie sein bisheriges Leben verlaufen ist, er erforscht sein Gedächtnis, er beobachtet sich selbst. Er ist Subjekt und Objekt zugleich. Er wird möglicherweise feststellen, dass er durch bloße Meditation kein umfassendes Bild von sich selbst erarbeiten kann und wird zur Einsicht kommen, dass das geeignetste Mittel, sich selbst zu erkennen darin besteht, seine Taten und Handlungen zu beurteilen. Es steht ihm frei, welcher Hilfen er sich dabei bedient. Hilfe ist ihm notwendig. Er wird in Büchern lesen, sich nicht allein auf die rationale Psychologie der Aufklärung verlassen, er wird sich mit modernen Autoren, vielleicht auch mit Sigmund Freud, Erich Fromm und anderen beschäftigen. Das beste Ergebnis jedoch wird er erzielen, wenn er sich mit einem brüderlichem Du auseinandersetzt.

Im Kreis der Brüder wird es ihm gelingen, sich selbst zu erkennen, da deren unterschiedliche Persönlichkeiten ihm gleichsam als Spiegel dienen werden. Diese Selbsterkenntnis ist jedoch kein Selbstzweck, sondern erst die Grundlage für jenen Entwicklungsprozess, zu dem er sich entschlossen hat.

Denn schon wird ihm durch die Symbole der Loge auferlegt, einen weiteren Schritt zu vollziehen: Sich selbst **zu beherrschen**.

Zu beherrschen nicht nur, indem er keine Gewalt anwendet, sondern sich auch in Wort und Sprache, also verbal, beherrscht. Zuhören, abwarten, schweigen können, die eigenen Impulse kontrollieren, nachhaltig Ziele zu verfolgen, negative Gedanken und Gefühle zu unterdrücken oder aufzuarbeiten. Alles das, was wir seit alters her Selbstbeherrschung nennen, wird er als wertvolle Eigenschaft pflegen.

Der dritte Schritt wäre der der Verwandlung. Die Maurer sprechen von **Veredelung** des Menschentums. Das klingt höchst euphorisch, bedeutet aber nichts anderes als dass die beiden ersten Schritte, nämlich die der Selbsterkenntnis und der Selbstbeherrschung zu einem Zustand führen sollen, den man als gelungenes Ergebnis der beiden ersten Bemühungen ansehen kann, also etwa eine Vergeistigung, Spiritualisierung, Vervollkommnung – praktisch ein schöneres Menschentum.

Ziele der maurerischen Persönlichkeit sind **Weisheit, Stärke, Schönheit**

Nicht nur in unserem Kulturkreis ist es üblich, älteren oder alten Menschen – falls wir sie dafür würdig erachten – **Weisheit** zuzuschreiben. Offenbar ist Weisheit nicht leicht zu erringen. Es gibt keine Disziplin, keine Schule, keine Universität, kein Bildungsprogramm, wo man sie lernen kann. Und dennoch ist es ein Ziel des Maurers, eine Art Idealbild, den Zustand der Weisheit zu erreichen, ja, er fasst den Gedanken, dass es der Weisheit bedürfe, um den „Bau", das ist der „Tempel der allgemeinen Menschenliebe" zu errichten. Mittel dazu sind Meditation, Dialog, Diskurs, Diskussion. Wir lernen in unseren Schulen und im Verlauf des Lebens unseren Verstand zu gebrauchen und wir tun dies hoffentlich optimal.

Es erweist sich überdies als äußerst vorteilhaft, wenn dieser rationale Verstand Hand in Hand geht mit einer ihm übergeordneten Vernunft, die auch andere als nur rationale Komponenten besitzt, so z. B. gefühlsmäßige Konstanten, Verhaltensmaßstäbe, Gewissenhaftigkeit, Maßhalten. Vernunft und Verstand, oft schwer zu unterscheiden und doch voneinander geschieden, müssen zusammenwirken. Weisheit kann das Produkt ihres langjährigen Zusammenwirkens sein und ist eigentlich das Endprodukt einer langjährigen Entwicklung und kann daher z. B. von Kindern oder jungen Menschen nicht erwartet werden.

Wenn der Freimaurer also von Weisheit spricht, wird es ihm klar und einsichtig, dass es eines lebenslangen Prozesses bedarf, diese zu erwerben. Dem Menschen der Gegenwart, der sich gern als modernen Menschen bezeichnet, mag sowohl das Vokabel Weisheit als auch das, was es bezeichnet als altmodisch erscheinen, ebenso wie er vielleicht mit dem Wort Tugend wenig anzufangen weiß.

Der Einsichtige wird jedoch bemerken, dass es gerade der Mangel an Weisheit im Leben der einzelnen Individuen, wie ganzer Menschengruppen ist, der zu den bekannten chaotischen Erscheinungen in der Gegenwart führt. Natürlich ist Weisheit ein Idealzustand, dem man sich nur annähern kann und den man nie in einer Totalität besitzen wird. Als Zielvorstellung ist Weisheit jedoch so wie in der Vergangenheit auch in der Gegenwart unersetzlich.

Stärke hat nichts mit brachialer Gewalt zu tun, sie braucht keine laut erhobene Stimme, wohl aber hat sie eine Reihe ganz anderer Ausdrucksformen: Ausdauer, Energie, Überzeugungskraft – jede Form der Perseveranz, die nachhaltig in Erscheinung treten muss. Menschliche Stärke zeigt sich vor allem im Widerstand gegen unzumutbare Forderungen. Sie zeigt sich in der Krankheit, im Leid, aber auch in höchst positiven Gefühlen wie der Freundschaft und der Liebe. Der Maurer hofft darauf, auch Stärke im Tod zu beweisen, wie überhaupt die Auseinandersetzung mit dem Tod, dem eigenen wie dem fremden, eine seiner wichtigen Arbeiten ist.

Es ist bemerkenswert, dass die Maurer so besonderen Nachdruck auf die Eigenschaft der Stärke legen. Es ist nicht allein ein Relikt aus der operativen Maurerei, das hier in Erinnerung gerufen werden soll, sondern der Hinweis darauf, dass alle menschliche Aktionen, sofern sie erfolgreich sein sollen, eben mit Stärke durchgeführt werden müssen. Diese Stärke darf jedoch nicht mit Rohheit oder Gewalt verwechselt werden, sondern muss als geistige Kraft – als Energie – gesehen werden.

Schönheit ist das dritte Ideal des Maurers – wir bemerken, wie sehr sich maurerische Begriffe und Symbole der Dreizahl bedienen – und ist wohl das am schwierigsten zu beschreibende und zu erreichende Ziel.

Bis in die Mitte des 19. Jahrhunderts war es verhältnismäßig einfach, von Schönheit zu reden. Einer der letzten Philosophen, die sich mit der Schönheit auseinandersetzten, war Baumgarten. In unserer Zeit ist es Adorno. Heute ist es fast unschicklich, von einer Ästhetik des Schönen zu reden, da wir bereits das Hässliche in ihren Bereich aufgenommen haben. Die maurerische Schönheit ist die eines „vollendeten Menschentums". Da die Maurer jedoch keine Dogmen kennen, ist das ein Ziel, das sich jeder selbst setzen kann oder muss und wozu er sich sein eigenes Vorbild suchen wird.

Es ist die besondere Eigenart dieser drei maurerischen Tugenden, dass es nicht möglich ist, nur mit einer davon allein das Ziel zu erreichen. Alle drei Tugenden müssen zusammenwirken, um sich jenem Ideal, das dem Maurer vorschwebt, zu nähern. Auf dem Weg dahin ist er jedoch autonom und selbstverantwortlich.

Es ist offenkundig, dass der Freimaurer versucht, sich eine positive, harmonische Lebensgestaltung anzueignen, wobei die Symbole im Tempel nur jene Eigenschaften sittlicher und moralischer Natur repräsentieren, die ein solches Leben ermöglichen. Im maurerischen Tempel gibt es keine Darstellungen von erlittener Gewalt, keine Abbilder von Folterungen, keine schmerzgepeinigten Körper oder Figuren. Im maurerischen Tempel gibt es keinen Hinweis auf einen Sündenfall, auf ein Fegefeuer oder eine Hölle. Die maurerischen Ideale und Tugenden sind nicht verknüpft mit einer Glaubenslehre, weil die Freimaurerei nichts anderes im Sinn hat, als das Leben des Menschen in einem schwierigen Lernprozess möglichst harmonisch zu gestalten.

Während die oben genannten Tugenden den einzelnen Maurer betreffen und Ziele darstellen, die er in seiner Persönlichkeitsentwicklung erreichen will, sind die nun folgenden Begriffe Eigenschaften, Ziele, Erlebnisbereiche, die von ihm in geschichtlicher Zeit innerhalb der Gesellschaft angestrebt worden sind.

Freiheit: Eines der vieldeutigsten und umstrittensten Phänomene. Für den Maurer bedeutet Freiheit nicht Freiheit „von“ etwas, sondern Freiheit „zu etwas“. Der Maurer empfindet Freiheit ohne Ordnung als Chaos und Ordnung ohne Freiheit als Diktatur. Die Ordnung, die sich Freimaurer in ihrer Loge selbst schaffen, ist eine Hierarchie, die sie freiwillig auf sich nehmen.

Freiheit ist mit dem maurerischen Gedanken untrennbar verbunden.

Gleichheit: Auch dieser Begriff, der einst zu den Parolen der Französischen Revolution gehörte, wie Freiheit und Brüderlichkeit, ist ein Zentralbegriff.

Prinzipiell sind alle Maurer, egal welchen Alters und welchen Grades, gleich. Sie befinden sich – bildlich gesehen – alle auf einer Ebene, keiner kann sich seinem Mitbruder gegenüber einen Vorrang herausnehmen. Es wird ihm auch keiner zugebilligt. Größere Vorzüge legen ihm nur vermehrte, intensivere Arbeit auf. Der Maurer betrachtet die Menschheit als **eine** Familie. Gegner der Freimaurerei sind mitunter der Ansicht, dass der Begriff Gleichheit aller Menschen unrealistisch wäre und nicht zuträfe. Die Maurer hingegen betrachten alle Menschen – und nicht nur ihre Brüder in den Logen – als gleich. Jeder Mensch hat Anspruch auf seine Würde und seine Freiheit und er wird in – hoffentlich erreichbarer – Zukunft Anspruch auf gleichen Lebensstandard erwarten können.

Brüderlichkeit: Dieser Ausdruck sollte, da sich nur die Hälfte des Menschengeschlechtes auf die Männer bezieht, richtig verstanden werden. Man könnte ihn auch durch „Geschwisterlichkeit" ersetzen. Er gehört zu der uralten Sehnsucht der Menschen, einander brüderlich zu begegnen, d. h. einer Familie anzugehören. Diese Brüderlichkeit, die durch mythologische Bilder auch verunglimpft werden kann – man denke an Kain und Abel, Romulus und Remus – ist dennoch das Vorbild echter Freundschaft und weist darüber hinaus auf die enge Zusammengehörigkeit aller Menschen.

Freimaurerei als Lebens- und Geisteshaltung

Wer sich der Freimaurerei zuwendet, darf nicht erwarten, außergewöhnliche Vorteile und materielle Förderung zu erhalten. In jedem anderen Verein bilanziert ein Neueintretender, was er für seinen Vereinsbeitrag als Gegenleistung bekommt. Unser Suchender, den wir schon im ersten Abschnitt dieses kleinen Buches begleitet haben, wird schwer enttäuscht werden, sofern er gehofft hätte, mit Hilfe der Brüder eine besondere Position oder irgendeine Bevorzugung im sozialen Raum erreichen zu können. Da das Logenleben vor allem auf die geistige und seelische Erziehung, d. h. auf die Selbsterziehung des Menschen, angelegt ist, ist es ein besonderes Merkmal, dass der einzelne Bruder in der Freimaurerei nur das finden wird, was seiner Persönlichkeit entspricht. Die Freimaurerei fordert von ihm seinen ganzen menschlichen Einsatz und dies wiederum erlaubt es ihm, seine ihm eigenen Eigenschaften zu perfektionieren. Was das einzelne Mitglied gewinnt, ist in keinem Fall ein materieller Gewinn, in der überwiegenden Anzahl aller Fälle jedoch eine großartige geistige

Bereicherung, ein Gewinn an Geselligkeit, Freundschaft und ständig sich vertiefendem Verständnis von Welt und Umwelt. Um es ein letztes Mal zu wiederholen, und es kann gar nicht nachdrücklich genug gesagt werden, die Logen vermitteln keine Religion, stellen keine Partei dar, sondern helfen dem Suchenden zu einer Lebens- und Geisteshaltung besonderer Art. Diese besondere Art müsste durch die vorliegende kleine Schrift deutlich geworden sein und ebenso müsste es klar geworden sein, dass sich eine solche Lebens- und Geisteshaltung besonders eignet, die oft verworrenen und chaotischen Verhältnisse, in der sich weltweit unsere Völker und Staaten befinden, zu ordnen. Allerdings müssten sich dazu immer mehr Brüder Freimaurer entschließen, auch den Schritt nach außen zu wagen.

Es gibt in der Gegenwart schwerwiegende Probleme, die nur durch intensive Arbeit überwunden werden können. Das erste ist ohne Zweifel die ungeheure Diskrepanz zwischen Arm und Reich in den verschiedensten Kontinenten und ebenso gewichtig und gefährlich – der Rassenhass – und zum Dritten, die Unverträglichkeit zwischen den großen Religionen, die sich in vielen Fällen nur als Tarnung politischer und ökonomischer Bestrebungen herausstellen.

Sofern sich die Hauptprinzipien der Selbsterziehung und der Forderung „nie Übles zu tun“ im Alltagsleben der sozialen Gemeinschaft als immer mehr verpflichtend erweisen, könnte es gelingen, die Prinzipien der Freimaurer zur allgemeinen Maxime der Gesellschaft zu machen.

Weiterführende Literatur

Aus einer Fülle von einschlägiger Literatur verweist der Autor auf folgende Bücher, die zum Teil als Quelle benutzt wurden:

Abafi (Aigner), L.: Geschichte der Freimaurerei in Österreich-Ungarn, 5 Bände (Budapest 1890–1899)
Adler, M.: Die Söhne der Finsternis (Jestetten 1975)
Appel, R./Möller, D.: Was ist Freimaurerei? (Hamburg 1975)
Baresch, K.: Katholische Kirche und Freimaurerei (Wien 1983)
Bauer, W. (Hrsg.): Lexikon der Symbole (Wiesbaden 1985)
Baurnjöpel, J.: Freimaurerhandschrift aus dem 18. Jahrhundert (Faksimile-Ausgabe Graz 1986)
Biedermann, H.: Das verlorene Meisterwort (Graz/Wien/Köln 1986)
Binder, D.: Die diskrete Gesellschaft (Graz/Wien/Köln 1988)
Bokor, Ch. v.: Winkelmass und Zirkel (Wien-München 1980)

Dierickx, M.: Freimaurerei – Die große Unbekannte (Hamburg 1975)

Frick, K. R. H.: Die Erleuchteten (Graz 1973)

Frick, K. R. H.: Licht und Finsternis, 2 Bände (Graz 1975/78)

Hendrikson, K. H.: Freimaurerische Lebenskunst (Stuttgart 1991)

Holtorf, J.: Die verschwiegene Bruderschaft (München 1983)

Kataloge der Freimaurer-Museen Rosenau und Bayreuth

Kloss, G.: Geschichte der Freimaurerei in England, Irland und Schottland (Leipzig 1848, Nachdruck Graz 1971)

Kloss, G.: Geschichte der Freimaurerei in Frankreich, 2 Bände (Darmstadt 1852–53, Nachruck Graz 1971)

Kosellek, R.: Kritik und Krise. Eine Studie zur Pathogenese der bürgerlichen Welt.

Kues, G./Scheichelbauer, B.: 200 Jahre Freimaurerei in Österreich (Wien 1959)

Lachmann, H./Schiffmann, G. A.: Hochgrade der Freimaurerei (Braunschweig 1866 und Leipzig 1878 und Leipzig 1882, Nachdruck von drei Werken in einem Band Graz 1974)

Lennhoff, E.: Die Freimaurer (Wien/München 1981, Nachdruck der Ausgabe von 1929)

Lennhoff, E./Posner, O.: Internationales Freimaurer-Lexikon (Graz 1965, Nachdruck der Ausgabe von 1932)

Lessing, G. E.: Ernst und Falk – Gespräche für Freimaurer (Hamburg 1981)

Lindner, D.: Ignaz von Born – Meister der Wahren Eintracht (Wien 1986)
Lindner E. J.: Die Königliche Kunst im Bild (Graz 1976)
Mellor, A.: Logen – Rituale – Hochgrade (Graz 1976)
Mellor, A.: Unsere getrennten Brüder – Die Freimaurer (Graz 1964)
Miers, H. E.: Lexikon des Geheimwissens (Augsburg 1986)
Neuberger, H.: Freimaurerei und Nationalsozialismus, 2 Bände (Hamburg 1980)
Oberheide, J.: Logengläser (Graz 1983)
Reinalter, H.: Freimaurer und Geheimbünde im 18. Jahrhundert in Mitteleuropa (Frankfurt 1983)
Rogalla von Bieberstein, J.: Die These von der jüdisch-freimaurerischen Weltverschwörung (Bern 1976)
Rosenstrauch, E.: Freimaurerei im Josephinischen Wien (Wien 1975)
Scheichelbauer, B.: Die Johannisfreimaurerei (Wien 1953)
Valmy, M.: Die Freimaurer (München 1988)
Vogel, Th.: Die ungeschriebenen Gesetze der Freimaurerei (Frankfurt/Main 1950)
Zirkel und Winkelmaß, Katalog zur Ausstellung „200 Jahre Große Landesloge der Freimaurerei“ (Wien 1984)
Zörrer/Klein/Gallob: Bruder Wolfgang Amadeus Mozart, Katalog des österreichischen Freimaurermuseums, Schloß Rosenau, Sonderausstellung 1990/91

Namensverzeichnis